EXERCICES
ORTHOGRAPHIQUES
GRADUÉS ET CALQUÉS SUR LES

NOUVEAUX ÉLÉMENTS
DE LA GRAMMAIRE FRANÇAISE DE LHOMOND

SUIVIS D'EXERCICES SUR LES HOMONYMES
ET D'UN PETIT TRAITÉ D'ANALYSE

A L'USAGE DES ÉCOLES PRIMAIRES

NOUVELLE ÉDITION

Complétement refondue

Par M. S. PAUCHET

Ancien Élève de l'École Normale de la Somme
Auteur de plusieurs Ouvrages élémentaires

AMIENS
CHEZ CARON ET LAMBERT
Imprimeurs-Libraires de Monseigneur l'Évêque
PLACE DU GRAND-MARCHÉ.

EXERCIC

ORTHOGRAPHIQUES

GRADUÉS EN CALQUÉS SUR LES

NOUVEAUX ELÉMENTS
DE LA GRAMMAIRE FRANÇAISE DE LHOMOND

SUIVIS D'EXERCICES SUR LES HOMONYMES
ET D'UN PETIT TRAITÉ D'ANALYSE

A L'USAGE DES ÉCOLES PRIMAIRES

NOUVELLE ÉDITION

Complétement refondue

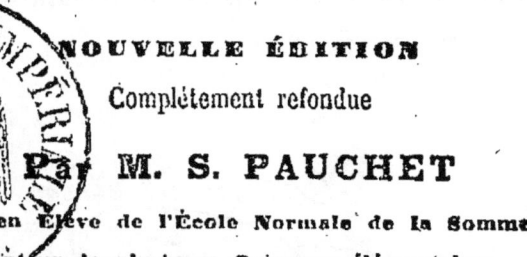

Par **M. S. PAUCHET**

Ancien Élève de l'École Normale de la Somme
Auteur de plusieurs Ouvrages élémentaires

AMIENS

CHEZ CARON ET LAMBERT

Imprimeurs-Libraires de Monseigneur l'Évêque

PLACE DU GRAND-MARCHÉ.

1857

Tout exemplaire non revêtu de la signature des Éditeurs, sera réputé contrefait.

Caron et Lambert

AVERTISSEMENT.

En rédigeant ce petit ouvrage, nous n'avons eu d'autre but que d'épargner des larmes aux élèves, et de leur faciliter l'étude si aride de la langue française.

Nous avons suivi pas à pas l'ordre indiqué dans notre Grammaire ; en sorte que ce n'est pas seulement chaque chapitre, mais chaque numéro, qui a, selon son degré d'importance, des Exercices plus ou moins étendus, gradués et appropriés à leur jeune intelligence.

Nous nous sommes bien gardés d'adopter le procédé détestable de la *Cacographie* ou l'*Écriture fautive*, que l'on emploie encore dans quelques ouvrages de ce genre. En effet, vouloir enseigner l'orthographe aux enfants, en leur présentant une foule de mots monstrueusement défigurés, n'est-ce pas prétendre leur faire pratiquer la vertu, en les faisant passer d'abord par tous les degrés du vice ? Cette invention déplorable doit être proscrite de l'enseignement. Ne savons-nous pas que *l'œil a aussi sa mémoire*, et qu'il ne faut lui offrir que des exemples bien orthographiés, si l'on ne veut pas qu'il devienne un instrument d'erreur ?

Dans nos Exercices, l'*orthographe usuelle*, proprement dite, est toujours respectée ; car rien ne saurait faire soupçonner à l'élève que tel mot est bien ou mal écrit. Les seules fautes que nous ayons introduites, à dessein, ne portent jamais que sur *l'orthographe grammaticale ou de principes*, qui a des règles fixes(*). Ainsi, pour retirer quelques fruits de notre travail, avant de commencer un exercice, il suffit que l'élève se pénètre bien de la règle qui en fait l'objet. Il doit également suivre cette marche sûre et certaine pour les Exercices récapitulatifs.

Quant à l'analyse, les élèves doivent se conformer aux principes qui y sont développés.

Rien n'a été négligé pour aplanir les difficultés, et pour donner de l'intérêt, de l'utilité à ce livre, et nous sommes convaincus qu'en suivant la route que nous avons indiquée, les élèves feront des progrès rapides en peu de temps. C'est là notre seul et unique désir !...

(*) Voir l'*Orthographe* n°. 404 de la Grammaire.

INTRODUCTION.

Nous croyons aussi faire plaisir aux Maîtres et aux Élèves, en donnant ici la solution de quelques difficultés qui, en réalité, sont toujours *la pierre d'achoppement* des commençants. — Voici les principales : — Moyens de reconnaître :

1°. Un Nom. — C'est de voir, 1°. s'il représente une personne, un animal ou une chose ; 2°. s'il est placé après un article, c'est-à-dire après un des mots *l'*, *le*, *la*, *les*, *du*, *des*, *aux*, etc. ; 3°. ou si l'on peut y ajouter une qualité bonne ou mauvaise. Exemple : on dit très-bien *grand* ou *vain* orgueil ; *bonnes* lois, des lois *sages*, etc. ; donc *orgueil* et *lois* sont des noms.

2°. Un Article. — L'Article est facile à reconnaître, car les seuls articles que nous ayons sont : *l'*, *le*, *la*, *les*, qu'on appelle *articles simples*, et *du*, *des*, *au*, *aux*, qui sont des *articles contractés* ; mais il faut que ces mots soient placés devant un nom.

3°. Un Adjectif. — Un mot est adjectif quand on peut y joindre *personne* ou *chose*, *objet* ou *homme*. Ainsi, *agréable*, *ces*, sont des adjectifs, car il est possible de dire : *personne* agréable, *chose* agréable ; ces *objets*, ces *choses*, ces *personnes*, etc.

4°. Un Pronom. — C'est de voir s'il tient ou est censé tenir la place d'un nom. Ex. : Dieu est juste ; *il* est éternel ; c.-à-d. *Dieu* est éternel. — Ces livres sont beaux, *ceux-ci* le sont également ; c.-à-d. ces *livres* le sont également. — Votre confiance mérite *la nôtre* ; c.-à-d. mérite notre *confiance*. — Voici la lettre *que* j'ai reçue ; c.-à-d. laquelle *lettre* j'ai reçue. — *On* frappe à la porte, c.-à-d. une *personne* frappe, etc.

5°. Un Verbe. — On le reconnaît en ce qu'on peut, 1°. le faire précéder des pronoms *je, tu, il, elle, nous, vous, ils, elles* ; 2°. le placer après *ne pas*, ou entre *ne* et *pas*. Ex. : *lire* est un verbe, parce qu'on peut dire : Je *lis*, tu *lis*.., il *lira*, nous *lirons*.., ne pas *lire*, je n'ai pas *lu*, etc.

6°. Un Participe. — Il faut voir s'il tient de l'adjectif et du verbe. Ainsi, *reçu* est un participe, 1° parce qu'on peut dire : objet ou chose *reçue* ; 2°. parce qu'il vient du verbe recevoir, et qu'il est possible de dire : J'ai *reçu*... une lettre, etc. — *Nous avions* compris *leur dessein*. On dit très-bien chose *comprise*, personne *comprise* ; de plus, *compris* est un temps composé du verbe comprendre, puisqu'on pourrait dire : J'ai *compris*... ; donc *compris* est un participe.

7°. Une Préposition. — Tout mot *qui n'est pas verbe*, et après lequel on peut mettre *qui ?* ou *quoi ?* ou *quelqu'un*, *quelque chose*, est une préposition. Ex. : Tout change *avec le temps*. — *Avec qui ? avec quoi ? avec quelqu'un, avec quelque chose*.

8°. **Un Adverbe.**

9°. **Une Conjonction.**

10°. **Une Interjection.**

Si l'on en excepte les mots en *ment*, comme *lentement*, *vivement*, etc., adverbes, qui viennent des adjectifs *lent*, *vif*, etc., les listes des adverbes, des conjonctions et des interjections, sont assez courtes et faciles à retenir.

Les élèves devront donc les lire ou les étudier souvent; car nous ne connaissons guère de moyen mécanique facile, pour reconnaître ces trois dernières sortes de mots.

DE QUELQUES HOMONYMES TRÈS-USITÉS.

a, *verbe*, ne prend pas d'accent, il a pour pluriel *ont*, ou peut se tourner par *a-t-il? a-t-elle? a-t-on?* Ex.: Cet homme *a* de l'esprit. On peut dire: Ces hommes *ont* de l'esprit; ou: Cet homme *a-t-il* de l'esprit?

à, *préposition*, prend l'accent grave, et ne peut pas se tourner par le pluriel *ont*, ni par *a-t-il? a-t-elle? a-t-on?* Ex.: Je vais *à* Paris. On ne peut pas dire: Nous allons *ont* Paris; ni: Je vais *a-t-il* Paris?

on, *pronom indéfini*, signifie *quelqu'un* ou *tout le monde*. Ex.: *On* vous répondra bientôt, c.-à-d. *quelqu'un* (qu'on ne nomme pas) vous répondra. *On* ne sait pas toujours ce qu'il faut, c.-à-d. *tout le monde* ne sait pas toujours...

ont, *verbe*, a pour singulier *a*, et peut se tourner par *ont-ils? ont-elles?* Ex.: Elles *ont* parcouru la ville. On peut dire: Elle *a* parcouru la ville; ou: *Ont-elles* parcouru la ville?

et, *conjonction*, signifie *et puis*. Ex.: Vous êtes savant *et* modeste, c.-à-d. savant *et puis* modeste.

est, *verbe*, se rend par le pluriel *sont*, ou par *est-il? est-elle? est-on?* Ex.: Cette petite *est* aimable. On peut dire: Ces petites *sont* aimables; ou: Cette petite *est-elle* aimable?

son, *adjectif possessif*, a pour pluriel *ses*. Ex.: Voici *son* chapeau. Pluriel: Voici *ses* chapeaux.

sont, *verbe*, a pour singulier *est*, et peut se remplacer par *sont-ils? sont-elles?* Ex.: Vos arbres *sont* vendus. On pourrait dire: Votre arbre *est* vendu; ou: Vos arbres *sont-ils* vendus?

ce, *adj. démonst.*, a pour pluriel *ces*; *pron. démonst.*, il signifie *ceci, cela*; ou *ceux-ci, ceux-là*, etc., et est toujours placé avant un pronom ou joint au verbe être. Ex.: Dieu sait bien *ce* qu'il fait, c.-à-d. *cela* qu'il fait. *Ce* sont vos amis, c.-à-d. *ceux-là* sont vos amis.

se, *pron. pers.*, signifie *soi, lui, elle, eux...*, ou *à soi*, etc. Ex.: Le sage *se* contente de peu, c.-à-d. contente *soi, lui*. Il a toujours cette orthographe et cette signification devant tout verbe autre que le verbe ÊTRE simple: Ils *se* promènent; elles *se* sont fâchées.

ces, *adj. démonst.*, est le pluriel de *ce, cet, cette*. Ex.: Avez-vous lu *ces* lettres? On peut dire: Avez-vous lu *cette* lettre?

ses, *adj. poss.*, a pour singulier *son* ou *sa*. Ex.: Elle aime *ses* enfants. Sing.: Elle aime *son* enfant.

c'est. On écrit *c'est* avec un *c*, quand ces mots ne sont pas suivis immédiatement d'un verbe. Ex.: *C'est* elle, *c'est* nous qui sommes venus; ou quand ils précèdent un verbe à l'infinitif, comme dans: *C'est* être bien ingrat; *c'est* se tromper grossièrement. On peut tourner *c'est* par *ce n'est pas*.

s'est. On écrit *s'est* avec une *s*, quand ces mots entrent dans la formation d'un temps composé; ou, en d'autres termes, quand ils sont suivis d'un participe. Ex.: Cette femme *s'est* vu voler. Il *s'est* trompé. Elle *s'est* rendue à son poste. On peut tourner *s'est* par *ne s'est pas*. (Même observation pour CE SONT, SE SONT; C'ÉTAIT, S'ÉTAIT, etc.)

peu, *adverbe*, signifie *pas beaucoup*: Il a *peu* de talents, c.-à-d. il n'a *pas beaucoup* de talents.

peut (peut-être), *adv.*, signifie *sans doute*, *probablement*. Ex.: Il viendra *peut-être*. — Le même mot s'écrit encore avec un *t* dans le verbe pouvoir; alors il fait *peuvent* au pluriel. Ex.: Mon fils *peut* vous répondre. Pluriel: mes fils *peuvent* vous répondre.

peux, est le même verbe au prés. indic. 1re et 2e personne du singulier.

mes, *adj. possess.*, a pour sing. *mon* ou *ma*. Ex.: Voici *mes* livres, *mes* plumes. Sing.: Voici *mon* livre, *ma* plume.

mais, *conjonct.*, signifie *cependant*: Il est sévère, *mais* juste, c.-à-d. *cependant* il est juste.

n'y, s'y, sont ou peuvent toujours être précédés de *il, ils*.

ni, si, *conjonct.*, ne peuvent jamais suivre ces pronoms.

...... **er,** ⎱ Tout mot terminé par le son *é* (er) est VERBE au prés. infinitif, lorsqu'il marque l'action, et qu'il est placé après les prépositions *à, de, par, pour, sans*, ou
.... **é,** ⎰ après les verbes *pouvoir, vouloir, savoir, faire, voir, entendre, oser, aimer mieux, on a beau, laisser, ouïr, admirer, sentir, aller, venir, devoir, écouter*, etc. Ex.: Je l'engage à ÉTUDIER. L'homme est né pour TRAVAILLER. — Je puis MARCHER. Elles *savent* CHANTER. Nous le *vîmes* bientôt ARRIVER.

Au contraire, un mot ayant le son *é* final, est PARTICIPE: 1°. lorsqu'étant joint à un *nom*, il marque l'état. Ex.: Des hommes CONSIDÉRÉS. Une rivière GELÉE. Les fleurs FOULÉES aux pieds; 2°. Lorsqu'il est accompagné de l'auxiliaire *être* ou de l'auxiliaire *avoir*. Ex.: J'étais bien SOIGNÉ. Ils ont VOYAGÉ. Elle est *arrivée* avant vous.

EXERCICES ORTHOGRAPHIQUES.

NOTIONS PRÉLIMINAIRES.

PROCÉDÉ A SUIVRE.

Après la correction de chaque exercice, les Maîtres et les Maîtresses feraient bien de redemander, de mémoire, l'orthographe de quelques mots déjà épelés, pour s'assurer si les devoirs sont compris. Ils donneront toujours les explications qui seraient nécessaires ou utiles.

DES SYLLABES.

(Grammaire N°. 3.)

Aux Élèves : Copier l'exercice suivant, et dire ensuite combien chaque mot compte de syllabes.

1ᵉʳ. EXERCICE. — Pour, vertu, travail, vin, créature, histoire, récit, évènements, passés, l'église, maison, Éternel, cœur, majestueux, Amérique, féminin, eucharistie, France, pommes, Picardie, singulier, champêtre, Abbeville, couteaux, préservatif, représenter, Artois, Europe, Madrid, mangeons, firmament, aïeul, Angleterre, Marie, Pyrénées, Charlemagne, Seine, Bordeaux, perpendiculaire, lumineux.

DES VOYELLES LONGUES.

(Gramm. Nᵒˢ. 8 et 13, 3°.)

Copier l'exercice suivant et en indiquer les voyelles longues de cette manière : *â* dans tâche ; *î* dans épître ; le 1ᵉʳ *ê* de honnête ; *în* dans convîntes, etc.

2°. — Tâche, épître, mûr, honnête, convîntes, jeûne, gâteau, archevêque, pâtisserie, impôts, bûcheron, grâce, flûte, aperçûmes, rôle, tempête, château, être, âge, joûte, mangeâtes, gâté, accroîtront, naître, pâques, sûr, arrêter, lâcheté, emblême, bâtir, gîte, côté, côtoyer, nous eûmes, aussitôt, surcroît, le maître, apôtres, goût, chaîne, meûnier, scie, bas, rue.

ces, *adj. démonst.*, est le pluriel de *ce, cet, cette*. Ex.: Avez-vous lu *ces* lettres? On peut dire: Avez-vous lu *cette* lettre?

ses, *adj. poss.*, a pour singulier *son* ou *sa*. Ex.: Elle aime *ses* enfants. Sing.: Elle aime *son* enfant.

c'est. On écrit *c'est* avec un *c*, quand ces mots ne sont pas suivis immédiatement d'un verbe. Ex.: *C'est* elle, *c'est* nous qui sommes venus; ou quand ils précèdent un verbe à l'infinitif, comme dans: *C'est* être bien ingrat; *c'est* se tromper grossièrement. On peut tourner *c'est* par *ce n'est pas*.

s'est. On écrit *s'est* avec une *s*, quand ces mots entrent dans la formation d'un temps composé; ou, en d'autres termes, quand ils sont suivis d'un participe. Ex.: Cette femme *s'est* vu voler. Il *s'est* trompé. Elle *s'est* rendue à son poste. On peut tourner *s'est* par *ne s'est pas*. (Même observation pour CE SONT, SE SONT; C'ÉTAIT, S'ÉTAIT, etc.)

peu, adverbe, signifie *pas beaucoup*: Il a *peu* de talents, c.-à-d. il n'a *pas beaucoup* de talents.

peut (peut-être), adv., signifie *sans doute, probablement*. Ex.: Il viendra *peut-être*. — Le même mot s'écrit encore avec un *t* dans le verbe pouvoir; alors il fait *peuvent* au pluriel. Ex.: Mon fils *peut* vous répondre. Pluriel: mes fils *peuvent* vous répondre.

peux, est le même verbe au prés. indic. 1re et 2e personne du singulier.

mes, *adj. possess.*, a pour sing. *mon* ou *ma*. Ex.: Voici *mes* livres, *mes* plumes. Sing.: Voici *mon* livre, *ma* plume.

mais, *conjonct.*, signifie *cependant*: Il est sévère, *mais* juste, c.-à-d. *cependant* il est juste.

n'y, s'y, sont ou peuvent toujours être précédés de *il, ils*.

ni, si, *conjonct.*, ne peuvent jamais suivre ces pronoms.

...... er, { Tout mot terminé par le son *é* (er) est VERBE au prés.
.... é, { infinitif, lorsqu'il marque l'action, et qu'il est placé après les prépositions *à, de, par, pour, sans*, ou après les verbes *pouvoir, vouloir, savoir, faire, voir, entendre, oser, aimer mieux, on a beau, laisser, ouïr,* admirer, sentir, aller, venir, devoir, écouter, etc. Ex.: Je l'engage à ÉTUDIER. L'homme est né pour TRAVAILLER. — Je puis MARCHER. Elles *savent* CHANTER. Nous le *vîmes* bientôt ARRIVER.

Au contraire, un mot ayant le son *é* final, est PARTICIPE: 1°. lorsqu'étant joint à un *nom*, il marque l'état. Ex.: Des hommes CONSIDÉRÉS. Une rivière GELÉE. Les fleurs FOULÉES aux pieds; 2°. Lorsqu'il est accompagné de l'auxiliaire *être* ou de l'auxiliaire *avoir*. Ex.: J'étais bien SOIGNÉ. Ils ont VOYAGÉ. Elle est *arrivée* avant vous.

EXERCICES ORTHOGRAPHIQUES.

NOTIONS PRÉLIMINAIRES.

PROCÉDÉ A SUIVRE.

Après la correction de chaque exercice, les **Maîtres** et les **Maîtresses** feraient bien de redemander, de mémoire, l'orthographe de quelques mots déjà épelés, pour s'assurer si les devoirs sont compris. Ils donneront toujours les explications qui seraient nécessaires ou utiles.

DES SYLLABES.

(Grammaire N°. 3.)

Aux Élèves : Copier l'exercice suivant, et dire ensuite combien chaque mot compte de syllabes.

1ᵉʳ. Exercice. — Pour, vertu, travail, vin, créature, histoire, récit, évènements, passés, l'église, maison, Éternel, cœur, majestueux, Amérique, féminin, eucharistie, France, pommes, Picardie, singulier, champêtre, Abbeville, couteaux, préservatif, représenter, Artois, Europe, Madrid, mangeons, firmament, aïeul, Angleterre, Marie, Pyrénées, Charlemagne, Seine, Bordeaux, perpendiculaire, lumineux.

DES VOYELLES LONGUES.

(Gramm. Nᵒˢ. 8 et 13, 3°.)

Copier l'exercice suivant et en indiquer les voyelles longues de cette manière : *â* dans tâche; *î* dans épître; le 1ᵉʳ *ê* de honnête; *în* dans convîntes, etc.

2ᵉ. — Tâche, épître, mûr, honnête, convîntes, jeûne, gâteau, archevêque, pâtisserie, impôts, bûcheron, grâce, flûte, aperçûmes, rôle, tempête, château, être, âge, joûte, mangeâtes, gâté, accroîtront, naître, pâques, sûr, arrêter, lâcheté, emblême, bâtir, gîte, côté, côtoyer, nous cûmes, aussitôt, surcroît, le maître, apôtres, goût, chaîne, meûnier, scie, bas, rue.

DES DIFFÉRENTES SORTES D'E.

(Gramm. N°s. 10, 11, 12, 13.)

Copiez cet exercice, et indiquez, comme il suit, les différentes sortes d'e : *Sévère*, 1er, é *fermé* ; 2e, è *ouvert* ; 3e, e *muet* ; *mentir*, e ayant le son d'un a, etc.

3e. — Sévère, bonté, procès, monde, fêtes, charité, modèle, que, rue, excès, paie-moi, aimer, respect, aversement, ouvert, nez, les, incendies, femme, épitre, gaîté, intelligence, destinées, coutume, proverbe, sobriété, assez, éclaircissement, avantageux, bénéfice, réprimande, désordre, poliment, mes, ils rendent. Adore l'Eternel, ton Dieu, ton Créateur.

DES ACCENTS.
Accent aigu.
(Gramm. N°. 13, 1°.)

L'élève mettra un accent aigu sur les é fermés, non suivis d'un *d*, d'une *r* ou d'un *s* terminant les mots.
Les deux monosyllabes *et*, *clef*, ne prennent point non plus d'accent aigu.

4e. — Abbe, verite, recitez, bonte, dignite, benissons, repandre, cafe, etoiles, liberte, ete, epi, secondez, elevons, amitie, majeste, eteinte, defaut, clarte, trepied, preferer, charite, reflechir, delicate, general, epine, resolution, echauffant, empressee, delit, indefini, j'ai mange, tu as ecrit, il a creuse, nous avons flechi, vous avez admire, ils ont resolu, les pres emailles.

Accent grave.
(Gramm. N°. 13, 2°.)

Mettre un accent grave sur les è ouverts, excepté, 1°. sur ceux qui sont suivis d'un *x* ou d'une consonne redoublée (*exercice*, *flexible*, *profession*, *cette*, etc.); 2°. sur ceux des monosyllabes *les*, *mes*, *tes*, *ses*, *ces*, *es*, *est*, *des* (mis pour de les); 3°. sur ceux qui précèdent un *t*, ou une consonne qui se prononce, comme dans *regret*, *sujet*, *cruel*, *sec*, *cher*, *peste*, etc.

5e. — Pere, mere, chere, acces, cessez, modele, querelle, troisieme, tristesse, des eleves, une lettre, riviere, exemple, les problemes, il est bref, elle est couverte, premiere, colere, ses proces, remede, mes succes, tu es fidele, freres, pierres, j'espere, impression, germe, terre, ténèbres, autel, il seme, les prieres, guerre, un regne, vous **effacez, tu préferes, nous chercherons, exercice, excepté.**

Accent circonflexe.
(Gramm. N°. 13, 3°.)

Les élèves copieront l'exercice suivant, et surmonteront d'un accent circonflexe les voyelles longues qui s'y trouvent.

6ᵉ. — Batir, tempetes, épitre, impot, flute, maitre, arretez, nous bumes, les poles, des muriers, grace, abimes, bucheron, ile, cotoyer, il coute, chateau, vous brulez, nous convinmes, qu'il aimat, champetre, le notre, la voute, facheux, boite, les votres, vetements, arret, chene, meme, murir, un baton, vous courutes, le jeune, age, trone, creme, gite, peche, nous eumes, qu'il sortit.

Emploi de l'y (grec).
(Gramm. Nos. 14, 15.)

L'élève dira si l'y est employé pour un ou pour deux i.

7ᵉ. — Ayant, pays, style, yeux, moyen, appuyer, rayon, tyran, bey (*de Tunis*), soyons, frayeur, martyrs, voyage, hymen, dey (*d'Alger*), joyeux, paysage, symétrie, Hippolyte, cylindre, déployer, pyramide, système, boyaux, foyer, sympathie, il y a, essayé, voyageur, nous croyons, paysan, abbaye, presbytère, allez-y, Ulysse, loyal, Élysée, hypocrisie, appuyer.

H muette et h aspirée.
(Gramm. Nos. 16, 17.)

Les élèves diront si l'h est muette ou aspirée.

8ᵉ. — L'homme, le héros, la haine, les histoires, la houlette, des hospices, le hibou, l'humanité, ces hameaux, trois horloges, des haillons, l'hôpital, son habileté, des halles, cent habitants, une mauvaise haleine, un hurlement, de bons haricots, l'harmonie, le harnais, des harengs, les hérissons, la Hollande, sept heures, l'heureux hasard, du houblon, l'humble huissier.

DU NOM OU SUBSTANTIF.
(Gramm. N°. 19.)

Les élèves souligneront tous les noms qui se trouvent dans les exercices suivants. — Souligner un mot, c'est tirer une petite ligne horizontale au-dessous.

9ᵉ. — Le chien et le cheval sont des animaux utiles.

Adore l'Eternel, ton Dieu, ton Créateur;
Benis son divin nom, consacre-lui ton cœur.
Célèbre, nuit et jour, sa gloire et sa puissance;
Des mortels malheureux, soulage l'indigence;
Ecarte loin de toi la molle oisiveté;
Fonde tous tes devoirs sur la simple équité;

Gouverne tes enfants en père plus qu'en maître;
Honore, aime et soutiens les auteurs de ton être.

10e. — Invoque le Très-Haut pour tous tes ennemis;
Joins à la probité l'amour de ton pays;
Livre à ton vain orgueil une guerre éternelle;
Médite les tourments du Sauveur sur la croix;
N'espère de salut qu'en observant ses lois;
Pardonne sans délai, quelle que soit l'injure;
Quand la douleur t'accable, offre à Dieu tes tourments;
Reçois tous les fléaux comme des châtiments;
Songe qu'au jour terrible, tout mortel tremblera.

DES NOMS COMMUNS
ET DES NOMS PROPRES.
(Gramm. Nos. 21 et 22.)

L'élève mettra un *c* après les noms communs, et un *p* après les noms propres; il n'oubliera pas de commencer ceux-ci par une lettre majuscule.

11e. — Père, France, sœur, Angleterre, livre, Portugal, plume, Italie, jardin, Berlin, Napoléon, cour, Joséphine, cousin, cheval, Amiens, Abbeville, chien, prairie, Normandie, Alsace, table, Amérique, couteau, Étienne, loup, souris, Bourgogne, Flandre, pain, chasse, homme, Lisbonne, porte, Madrid, Laurette, Rouen, Lucien, Alger, Norvège, sucre, ardoises, manteaux, Hortense.

12e. — *Faire attention que plusieurs noms propres sont ici sans majuscule.* — Poirier, pomme, bordeaux, Oise, grenouille, jugement, afrique, marie, Bruxelles, bœuf, vache, paris, londres, viande, chose, Espagne, catherine, léon, arbre, ciel, Autriche, Vienne, vin, auguste, ville, beauté, hollande, peuple, Prusse, douceur, amitié, canif, léontine, porte, élèves, parents, Péronne, doullens, crayons, Montdidier, cailloux, casquette, tourbe, grès.

DU GENRE DES NOMS.
(Gramm. N° 25.)

Les élèves indiqueront les genres, en mettant *le* devant les noms masculins, et *la* devant les noms féminins; mais ils emploieront les mots *un* ou *une* pour ceux qui commencent par une voyelle ou une h muette. — *Aux Maîtr...*: Rappeler que presque tous les noms de ville sont du genre masculin, à moins qu'ils ne soient terminés par un e muet. On dit: *Paris* est grand; *Bordeaux* est commerçant; *Lille* est bien fortifiée, etc.

13e. — homme, — femme, — oncle, — tante, — neveu, — nièce, — frère, — sœur, — chien, — alouette, — cerf, — biche, — âne, — jument, — oiseau, — hirondelle, — lion, — lionne, — loup, — louve, — singe — brebis, —

mouton, — guenon, — rosier, — tulipe, — hibou, — chouette, — chien, — ortolan, — porte, — échelle, — lièvre, — perdreau.

14e. — café, — table, — thé, — cerise, — pain, — lampe, vin, — bière, — cheveu, — oreille, — blé, — orange, — terre, — orage, — union, — usage, — autel, — vigne, — soleil, — lune, — aveu, — ronce, — arbre, — serpette, — beauté, — crayon, — astre, — maison, — cahier, — lecture, — grammaire, — habit, — arithmétique, — tableau, — géographie, — enfance, — hanneton.

DU NOMBRE DES NOMS.
(Gramm. Nos. 26, 27 et 28.)

Les élèves indiqueront le nombre des noms, en mettant la lettre s après les noms singuliers, et la lettre p après les noms pluriels, de cette manière : le livre, s ; les livres, p, etc.

15e. — La table ; les tables ; — une noix ; des noix ; — un château ; deux châteaux ; — six neveux ; mon neveu ; — le caillou ; plusieurs cailloux ; — un clou ; quelques clous ; — les chevaux ; le cheval ; — un régal ; des régals ; — un soupirail ; dix soupiraux ; — les détails ; le détail ; — deux bras ; une plume ; quelques parents ; la mortalité ; treize moutons ; plusieurs amis ; la pluie et le vent ; des tuyaux ; le fils ; les compositions.

FORMATION DU PLURIEL DANS LES NOMS.
(Gramm. No. 29.)

Les élèves copieront d'abord les exercices suivants, puis ils les mettront au pluriel, en remplaçant l', le ou la par les, et un ou une par des.

16e. — L'homme, la femme, un père, une mère, le frère, une sœur, un oncle, une tante, le cousin, la cousine, le garçon, la fille, un roi, la reine, un berger, une bergère, le maître, la maîtresse, un enfant, la parente, la main, l'adjoint, une marchande, une cheminée, l'arbre.

17e. — Un bœuf, une vache, un cerf, une biche, le coq, la poule, un lion, une lionne, le loup, la louve, le papillon, une alouette, le rat, le poisson, un chien, un chat, le singe, l'âne, une pie, l'hirondelle, un hanneton, le pigeon, une fauvette, le renard, la linotte, un bouchon, une boisson.

18e. — *Corriger les fautes qui se trouvent dans l'exercice suivant.* — Les tables, les lapins, des champs, les crime, les folies, des prairie, des roses, les ronces, des livre, des plume, les bâton, les chemins, des pommiers, les chêne, des vignes, des cerises, des charrue, des vallées, les horloge, les hommages, les harengs, les haricot, des haies.

19º. — *Corriger les fautes. Faire attention à l'emploi des majuscules.* — Les Picards, les Espagnols, les Autrichiens, les belges, des Normands, des Turcs, des grec, des Auvergnats, les Flamand, les italiens, les Arabes, des gascon, des Européens, des Américain, des africain, les bretons, des parisiens, des Alsaciens, les Savoyard, des suisse.

Noms terminés par s, x, z.
(Gramm. Nº. 30.)

Mettre au pluriel les noms suivants, en remplaçant toujours *l'*, *le*, *la* par *les*, et *un*, *une* par *des*.

20º. — La brebis, le gaz, un fils, le bois, un tapis, une voix, la croix, un puits, le vernis, une noix, un pois, le prix, un salsifis, un pays, un crucifix, la vis, le Français, un bras, le villageois, un radis, un secours, la faux, le paradis, un abus, le nez, le remords, un courroux, le cliquetis.

21º. — Un mois, un nez, l'avis, un bas, le commis, un os, un as, la perdrix, un propos, la souris, un rubis, le riz, un choix, le repas, le repos, un Anglais, le temps, un paresseux, un héros, le succès, le procès, un cours d'histoire, le lis des jardins, un mépris, la voix et la croix, un congrès et un accès.

Noms terminés en eau, au, eu.
(Gramm. Nº 31.)

22º. — Un agneau, un arbrisseau, un gâteau, un hameau, un marteau, le troupeau, le chameau, un couteau, le roseau, l'eau, un gluau, le tuyau, le sarrau, un noyau, le neveu, le manteau, le cheveu, un adieu, le vœu, un chapeau, le cerceau, le caveau, un troupeau, le ruisseau, un jeu, un dieu, le sureau.

23º. — *Corriger les fautes.* — Les étaux, les poireau, des drapeaux, les tableau, les corbeau, les moyeux, des moineaux, les feu, les oiseaux, les milieux, des chalumeau, les pieu, les rameaux, les côteaux, les boyau, les vaisseaux, des lambeau, les chapiteaux, les étourneaux, des pruneaux, les manteau, ces chameaux, mes neveu, certains oiseau.

Noms terminés en ou.
(Gramm. Nº. 32.)

Les élèves mettront les noms suivants au pluriel, en les faisant précéder des chiffres 2, 3, 4, 5, etc.

24º. — Coucou, chou, hibou, joujou, pou, caillou, sou, bijou, fou, genou, écrou, filou, amadou, licou, sapajou, verrou, trou, cou, acajou. — *Corriger les fautes :* — Ce ne sont plus les joujou qui m'amusent. Il ne faut pas jeter de caillou dans la rue. Le méchant croit toujours entendre le bruit des verrou. Les chameau plient les genou quand on doit les charger.

Noms terminés en al.
(Gramm. N°. 33.)

Mettre au pluriel par les chiffres 2, 3, 4, 5, 6, 7, etc.

25e. — Amiral, arsenal, bal, vassal, canal, caporal, cardinal, cheval, carnaval, confessionnal, local, cristal, fanal, général, hôpital, journal, madrigal, principal, rival, total, capital, végétal, bocal, mal, maréchal, minéral, métal, piédestal, chacal, régal, signal, tribunal, provincial, chenal, original, fanal, nopal.

Noms en ail et aïeul, ciel, œil.
(Gramm. Nos. 34 à 38.)

Les élèves mettront au pluriel les noms suivants, en les faisant précéder *alternativement* des mots *mes, tes, ses, nos, vos, leurs.*

26e. — Ail, rail, bail, bétail, attirail, camail, ciel, corail, émail, épouvantail, éventail, œil, gouvernail, mail, poitrail, portail, soupirail, travail, aïeul, vantail, détail, plumail, sous-bail, ciel (*de lit*), œil (*de bœuf*), aïeul (*les 2 grands-pères*), ciel (*de tableaux, de carrière*), travail (*machine*), bisaïeul, trisaïeul, vitrail.

RÉCAPITULATION.
Pluriel des Noms.
(Gramm. Nos. 29 à 38.)

Messieurs, en mettant les noms suivants au pluriel, **vous remplacerez** *l', le, la,* par *les,* et *un, une,* par *des.*

27e. — La lecture, le cheveu, un âne, le mulet, une table, la viande, le ciel, une souris, un côteau, un livre, le levraut, le poirier, un arbre, un cheval, un fauteuil, le hameau, un tuyau, le chou, le blé, une vigne, une violette, le lieu, le pou, l'enfant, le prix, un palais.

Dans cet exercice, vous ferez précéder les noms, des chiffres 2, 3, 4, 5, etc.

28e — Poule, château, ormeau, joujou, mouchoir, lit, chambre, canal, vallon, redingote, veste, maison, milan, maréchal, genou, vantail, régal, bisaïeul, enfant, orateur, roi, feu, milieu, moyeu, prêtre, croix, président, soldat, général, œil, bras, sou, hibou, secours.

Mettre au pluriel par les mots *quelques, plusieurs, d'autres, certains* (ou *certaines* pour le fém.) alternativement.

29e. — Détail, noix, pâte, tamis, souris, fourmi, globe, aïeul, éventail, ail, ciel, pelle, lampe, chapeau, neveu, porte, hameau, rivière, ruisseau, corbeau, sou, fou, travail, prince, corail, bal, chapiteau, perdrix, paon, maçon, écolière, baleine, herbe, église, grès.

Mettre au pluriel en remplaçant *à l'*, *à la* **et** *au* **par** *aux*; *de l'*, *de la* **et** *du* **par** *des*.

30°. — Au père, au jardin, du gaz, au repas, du nuage, au couteau, du général, de la mère, à l'église, du raisin, à l'ouvrier, à la perdrix, au geai, de l'armée, au carnaval, à l'acajou, de l'oranger, du four, au verrou, de l'ami, du nez, au trisaïeul, du choix, à la montagne, du bétail, au perdreau, à l'œil.

Corriger les fautes de l'exercice suivant.

31°. — Les lambeaux, les ouvriers, des chapiteau, les coucou, les métal, les bocaux, des raisin, vos cousines, ces généraux, les propos, du riz, les tamis, mes tante, ses oncles, quinze sou, des croix, les pois, des hôpital, les beauté, des tableau, des couvents, tes animaux, des étourneau, les cheveu, des pêcheur, les portail, des bail.

Ecrire au pluriel, puis au singulier, les noms de l'exercice suivant.

32°. — Les jardins, des casquettes, les oiseaux, les puits, des neveux, les voix, des genoux, les nez, les hôpitaux, des bals, les émaux, des clous, les églises, des crucifix, les yeux, des cieux, les marais, des discours, les gaz, des journaux, les soupiraux, des agneaux, les religieux, les hôtesses, des verrous.

DE L'ARTICLE.

(Gramm. Nos. 39 à 42.)

L'élève mettra l'article *l'*, *le*, *la*, *les*, devant les noms, suivant le genre et le nombre.

33°. — père, — mère, — frère, — sœur, — villages, — terre, — prince, — crayons, — fontaines, — oiseau, — hirondelle, — cheveux, — vaches, — éléphant, — cheval, — maître, — femmes, — jardin, — herbe, — livres, — cousins, — justice, — juges, — abîme.

34°. — ongle, — ode, — centimes, — évangile, — hameau, — idole, — statues, — enclume, — cigarre, — encriers, — éventails, — poutre, — paroi, — docilité, — sciences, — vigne, — vertus, — embarras, — calomnie, — légume, — écoliers, — charron, — armée.

35°. — — homme est — roi de — nature. Toutes — vérités ne sont pas bonnes à dire. Laissez dire — sots, — savoir a son prix. — grandeur de Dieu est infinie. — or est jaune et — herbe est verte. — bons conseils peuvent ramener à — vertu. — espérance est trompeuse. A — œuvre, on connaît — ouvrier. Charlemagne a régné sur — France, — Italie et — Allemagne.

Articles simples et articles contractés.

(Gramm. Nos. 39 à 44.)

En copiant ces exercices, les élèves emploieront les articles convenables.

36e. — L...amitié d...enfants. L...œil d...maître. L...application a...devoirs. L...oisiveté d...domestiques. L...imprudence d...écolier. L...armée d...ennemi. L...assiduité a...affaires. L...almanach menteur. L...œuf d...enfant. L...armoire a... confitures. L...auberge a... bout d...rue. L...affectation d...hypocrite.

37e. — L...homme d...monde. L...hameau d...canton. L...hanneton d...enfant. Je vais a...champs. Je reviens d...école. L...haricots de Soissons. L...harmonie d...chant. A...marchandes d...halles. A...honneur d...humanité. Eugène va a...cours public. L...hangars d...fermiers. A...hauteur d...œil. D...histoires et d...hymnes. A...grands hommes, l...patrie reconnaissante.

Les élèves corrigeront les fautes. Ils indiqueront le genre et le nombre des noms, en mettant, au-dessus d'eux, *m* pour le masculin, *f* pour le féminin, *s* pour le singulier, et *p* pour le pluriel. De plus, ils souligneront les noms propres.

38e. — La histoire de les Romains. L'héron de la fable. Les oncles de les époux. A les rayons de le soleil. Parlez des fleuves de la Europe. A le agneau de le voisin. Les sommets de les Alpes. Je suis sensible à le honneur. La armée fera la guerre à les Arabes. L'honte suit souvent la action mauvaise.

RÉCAPITULATION DES EXERCICES

SUR LE NOM ET L'ARTICLE.

MM., mettez au pluriel les phrases suivantes; indiquez par un *p* les noms propres, et par un *c* les noms communs; à la suite, mettez aussi le genre et le nombre. — Les noms en italique resteront au singulier.

39e. — La casquette de l'enfant. Le chapeau de *Silvain*. A la parole du maître. Le cheveu de la femme. La *voix* de l'orateur. Le bras d'*Emilienne*. Le caillou du fossé. Au prince et à la princesse. Le cheval du propriétaire. Le bail de l'instituteur. Au régal du musicien. L'épée de l'aïeul.

40e. — Le ciel du peintre. A l'œil de la fille. Au nez et au genou. La contrée de l'*Europe*. Le sommet des Pyrénées. L'eau de la mer. L'enfant d'*Anaïs*. Le département de la *France*. Au nom de l'auteur. Un bocal et un maréchal. Un sou et un joujou. Le feu de la maison. A l'œil de bœuf de la fenêtre.

Les élèves traduiront par le singulier.

41e. — Les divisions des nombres. Les leçons des enfants. Aux canaux et aux châteaux. Les travaux des neveux. Les bras et les genoux. Les clous aux soupiraux. Les yeux et les oreilles. Les bestiaux aux marais. Les cieux et les enfers. Aux cris des hiboux. Les régals des maréchaux. Aux hommes et aux femmes. Les bals des sociétés. Les époux aux épouses.

DE L'ADJECTIF.

(Gramm. Nos. 45, 46, 47.)

L'élève est prié de souligner les adjectifs des phrases suivantes.

42e. — Rien ne rafraîchit le sang comme une bonne action. Une belle âme est plus sensible aux bienfaits qu'aux outrages. Le véritable ami est le plus grand de tous les biens. Mon fils, ne privez pas le pauvre de son aumône. Vivre content de peu, c'est être vraiment riche. Le chien est fidèle, intelligent, docile, vigilant.

Formation du féminin dans les Adjectifs qualificatifs.

(Gramm. Nos. 48, 49.)

Les élèves remplaceront le tiret par l'adjectif féminin écrit précédemment au masculin.

43e. — Un homme *charmant*; une personne —. Un livre *attrayant*; une lecture —. Un père *indulgent*; une mère —. Le *grand* lac; la — place. Un canif *noir*; une plume —. Le tapis *rond*; la table —. L'*obscur* sentier; l'— prison. L'endroit *effrayant*; l'obscurité —. L'arbre *vert*; la feuille —. L'écho *retentissant*; la trompette —. Un lieu *élevé*; une estrade —.

44e. — Un poêle *chaud*; une chambre —. L'arbre *haut*; la — montagne. Le pensum *récité*; la leçon —. Le récit *certain*; la nouvelle —. Un crucifix *saint* et *sacré*; une croix —. Le *méchant* veau; la — vache. Le *petit* lieu; la — maison. Un garçon *joli*; une figure —. Le palais *habité*; la chaumière —.

45e. — Un banc *étroit*; une cour —. Un conseil *observé*; une règle —. Un jeu *caché*; une sortie —. Du vin *clair*; de l'eau —. Le rhum *fort*; la liqueur —. Un enfant *réservé, soumis, noyé*; une fille —. Le raisonnement *hautain, désapprouvé*; la conduite —. Un règlement *précis et promulgué*; la loi —.

46e. — Un cabinet *peint, meublé, loué*; une chambre —. Un champ *élevé et cultivé*; une montagne —. Un lis *brillant*; une fleur —. Le bouton *épanoui, ouvert, fleuri*; la rose —. L'encrier *bleu, rond*; la boule —. Le président *bienfaisant*;

la reine —. Le pays *éloigné, uni, fécond*; la contrée —. Un lilas *fané*; une tulipe —.

Adjectifs qui doublent la dernière consonne avec un e.
(Gramm. Nos. 50 et 51.)

Les élèves compléteront les terminaisons du féminin.

47e. — Le *bon* conseil; la b... conduite. L'usage *cruel*; la coutume cr... Un procédé *universel*; une méthode univers... Un *pareil* moyen; une par... occasion. Le raisonnement *fou*; la tête f... Le pâté *mou*; la pâte m... Dieu *éternel*; la gloire étern... Un *gros* animal; une gr... jument. Le *vieil* ermite; la vieil... Castille. L'*ancien* pays; l'anc... Picardie. Un oncle *niais*; une tante n...

48e. — Un pays *chrétien*; une population chrét... Un conte *bouffon*; une plaisanterie bouff... Un fruit *mou*; une chair m... Un enfant *mignon*; une taille mign... Un e *muet*; une voyelle muet... Le militaire *gentil*; la manière gent... Le meuble *net*; une réponse n... Un garçon *discret, inquiet*; une personne discr..., inquiet... Le *nouveau* comédien; la nouv... comédie.

Adjectifs en e et en er.

Les adj. en er forment leur féminin comme dernier, qui fait dernière. (Gramm. N°. 52.)

49e. — Blanc, franc, sec, caduc, public, grec, turc, singulier, régulier, étranger, premier, dernier, fermier, entier, grossier, fier, blanc, particulier, frais, irrégulier, léger, sec, turc, rancunier, mensonger, public, journalier, amer, caduc, hospitalier, ouvrier, boucher, franc, ménager, passager, grec, meurtrier.

Adjectifs en f.
(Gramm. N°. 53.)

50e. — *Actif*: la personne act... — *Vif*: une femme v... — *Bref*: la parole br... — *Naïf*: une fille naï... — *Tardif*: la plante tard... — *Veuf*: une femme v... — *Négatif*: une réponse négat... — *Conjonctif*: la proposition conj... — *Grief*: la faute gr... — *Sauf*: la vie s... — *Craintif*: une écolière cr... — *Neuf*: une cravate n... — *Exclusif*: la puissance exclus...

Adjectifs en x.
(Gramm. N°. 54.)

Corriger les fautes.

51e. — Une réponse vertueuse. Une réponse orgueilleute. La vertu malheureux. Une commère ennuyeuse. La conduix courageux. Une sévérité odieuse. Une courtisane ambitieuse. L'amie généreux. La tigresse furieux. Une âme soupçonneuse. Une opinion faux. La petite fille roux. Une pluie doux. Une femme jaloux. Un vieil oncle ; un vieux soldat ; une v... fille.

Adjectifs en eur.
(Gramm. N°. 85.)

Les élèves, en copiant ces exercices, compléteront les terminaisons des adjectifs féminins.

52°. — La parole tromp... Une fille flatt... Une âme péch... Une pensée consolat... La preuve accusat... Une femme imitat... Une voix enchant... L'imagination créat... Une loi protect... La femme adulat... La dame inspect... Une personne examinat..., caus..., La petite fille ment... Une action veng... Augustine voudrait-elle être boud...?

53°. — Une lettre postér... ou antér... Une gamme maj..., min... Une femme défend... ou demand... Une maîtresse grond... Une portière parl... La flamme veng... Une place infér... Une opinion approbat... Une femme devin..., spéculat... Une fille act..., composit..., aut... La servante moq... Madame est sans doute la protect... de mon frère ?

Adjectifs qui forment exception à part.
(Gramm. N°. 86.)

Les élèves remplaceront le tiret — par l'adjectif féminin.

54°. — Malin : envie—. Long : voyelle—. Bénin : fièvre—. Oblong : feuille —. Dissous : matière —. Coi : personne—. Tiers : — partie. Favori : récréation —. Absous : pénitente —. Long : cette méthode est —. Malin : il a une intention—. Bénin : sa figure est—. Dissous : l'assemblée sera—. Oblong : une figure bien —.

RÉCAPITULATION.
Exercice inverse sur la formation du féminin.

Mettre au masculin les adjectifs suivants.

55°. — Sourde, forte, vraie, aimable, honnête, chrétienne, grasse, cruelle, bonne, inquiète, nette, franche, blanche, meurtrière, sèche, dernière, bleue, complète, pleureuse, chanteuse, actrice, protectrice, fraîche, meilleure, inférieure, craintive, première, veuve, maligne, pécheresse, ingénieuse, discrète, bienfaitrice, fausse, douce, docile, maladive, dissoute, moyenne, joyeuse, gentille, cachée, publique.

EXERCICES ORTHOGRAPHIQUES.

FORMATION DU PLURIEL DANS LES ADJECTIFS.

(Gramm. Nos. 57 à 62.)

Les élèves remplaceront le tiret — par l'adjectif pluriel.

56e.—L'ami *sûr ;* les amis—. L'homme *fidèle ;* les hommes—. L'enfant *naïf ;* les enfants —. Une étoffe *noire ;* des étoffes —. La couleur *verte ;* les couleurs —. Une fille *dévouée ;* des filles —. Un poulet *gras ;* des poulets —. Le chat *gris ;* les chats —. Le *doux* rossignol ; les — rossignols. Un *joyeux* garçon ; de — garçons. Le *beau* livre ; les — livres. Cet enfant est *fou ;* ces enfants sont —.

Les élèves complèteront les terminaisons du pluriel.

57e. — Bleu : des yeux *bl...* Mou : des amis *m...* Moral : les contes *mor...* Fatal : des instants *fat...* Théâtral : des débuts *théât...* Loyal : mes *loy...* parents. Glacial, austral : les vents *gl...*, *austr...* Capital : des péchés *cap...* Verbal : les adjectifs *verb...* Pectoral : des remèdes *pect...* Original : ses ouvrages *orig...* Méridional : les peuples *mérid...* Rural : des biens *rur...*

L'exercice suivant renferme des fautes à corriger.

58e. — Les biens sociaux. Des conseils amical. Des combats naval. Les ouvriers matinal. Mes beau dictionnaires. Les comptes égal. Les biens nationaux. Des personnes heureuse. Les juges impartial. Des exercices grammatic... Les quatre points cardin... Les propositions principa... Des sujets complexes. Des attributs composé. Les tons majeurs, mineur, final. Il a des cheveux gris.

RÉCAPITULATION.

Exercice inverse sur la formation du pluriel.

Mettre au singulier les adjectifs suivants.

59e. — Bons, jaloux, gros, douces, nouveaux, moraux, noirs, bleus, rouges, jumeaux, glacials, principaux, courageux, épais, vifs, immorales, vieilles, doux, mauvaises, gras, frugals, contentes, composées, frais, franches, chers, gentils, brèves, fatals, loyaux, fous, impartiaux, gris, dangereux, hautes, blanches, nouveaux, brutaux.

Aux Maîtr... : MM., il serait bon de faire mettre au pluriel les exercices précédents, du 43e. au 55e., sur la formation du féminin. Si cependant les élèves travaillaient très-bien, vous leur feriez passer les devoirs les plus faciles.

ACCORD DE L'ADJECTIF AVEC LE NOM.

(Gramm. Nos. 63, 64, 65.)

Les élèves achèveront les mots commencés, en mettant ces adjectifs au genre et au nombre convenables.

60°. — Grand : Une gr... femme. — Petit : Le pet... jardin ; la pet... cour. — Gai : Le frère g... — Chéri : La sœur ch... — Froid : Un pays fr...; une contrée fr.... — Imprudent : Des amis impr... — Poli : Les filles pol... — Charmant : Des rêves charm... — Plaisant : Les pl... comédies. — Obscur : Deux cachots obsc... — Noir : Trois chambres n... — Éclos, cueilli : La rose et la tulipe écl..., cueill...

L'élève corrigera les fautes, conformément aux règles.

61°. — Un manteau et un habillement nouveau. Le roi et le berger égal devant Dieu. Une table et une armoire neuves. Un pantalon et un gilet blanc. Le frère et la sœur vif. Le pain et la boisson nécessaire. La colline et la vallée ombragé. Le chameau et le dromadaire bossus. La pie et le perroquet bavard. Les bras et les jambes engourdi. La bouche et les yeux ouverts.

RÉCAPITULATION DES DIFFICULTÉS
SUR LE NOM, L'ARTICLE ET L'ADJECTIF.

Les élèves complèteront les mots commencés et remplaceront le tiret par l'adjectif, qu'ils feront accorder.

62°. — Un homme friand, une femme —; des homm... —, des femm... —. Le joli tableau, la — boule, les — tabl..., les — boul... Un chien fidèle, une amie —; des ch... —, des am... —. Le cheval inquiet, la servante —; les chev... —, les serv... —. Son aïeul (*) vif, sa réponse —; ses aïeu... —, ses rép... —. Le général vertueux, l'épouse —; les gén... —, les ép... —. Mon ancien bail, mon — place; mes — b..., mes — pl...

63°. — Le pâté sec, la perdrix —; les pât... —, les perdr... —. Un air malin, une physionomie —; des air... —, des physion... —. Le nouveau bijou, la — affaire; les — bij..., les — aff... Un événement miraculeux, une circonstance —; des évén... —, des circonst... —. Un beau garçon, un bel enfant, une — carte; de — garç..., de — enf..., de — cart... L'œil trompeur, la parole —; les yeux —, les par... —.

Les élèves traduiront au pluriel après avoir corrigé les fautes, verbalement ou par écrit, suivant les vues des Maîtr... Il est bien entendu que la correction verbale doit précéder cette traduction.

64°. — La nation belliqueuse. La savante découverte. Une femme charmante, gaie, enjoué..., jovial... Une lèvre

---

(*) Grand-père.

vermeil... Le mari soupçonneux, jaloux, brutal. La femme soupç..., jal..., brut... La voix forte, bref, vibrante, saccadé, sonore. La plaisanterie déplacé..., grossièr..., niais... Un nerf nasal, un son nasal. La proposition incidente, subordonné..., explicatif.

65e. — La belle prière récitée. Une fille menteuse, délatrice. Une justification personnel..., important..., soutenue et diffus... Le point fondamental. Un bien donné en mariage. Le pays austral. Un cheval fougueux. L'analyse grammatical..., raisonné... et minutieu... La leçon apprise, oublié..., reconnu.... essentiel.... Une personne grond..., supér..., spoliat...

66e. — La ponctuation faus..., critiqué... Le beau jonc. Un œil bleu. Le vieux maréchal. Le discours brutal. Le sirop tonique, miellé, pectoral. Le beau local. Une voisine flatteuse, corrupteur, immoral. La fille doux, faux, séditieux, emporté, aux paroles malignes. La tête ras..., tondue. Une coutume picarde ou breton... Le chapeau gris. La paix et le traité court...

67e. — Une parole bouffonne. Une femme gascon... Un juge bourru, impartial, original. La maligne observation dénigré. La fête patronale, solennel. Un sentiment hardi, animé, vif, indépendant. Une salle basse, étroite, carré, vieil, humide, malsaine. Un dîner frugal, copieux. Le général impartial. La vermine dégoûtant...

Remplacer les numéros qui suivent les noms, par les adjectifs correspondants ; puis traduire également au pluriel.

68e. — 1. *Gai, restaurant;* 2. *banal;* 3. *vil, mou, voluptueux;* 4. *vif, rayonnant, azuré;* 5. *libéral;* 6. *conjugal;* 7. *vengeur;* 8. *national;* 9. *long, traînant, bleu;* 10. *confessé, absous;* 11. *ouvert.*

Un déjeûner 1. Un four 2. La personne 3. Une lumière 4. Le principe 5. Le devoir 6. Une flamme 7. Un chant 8. La robe 9. Une pénitente 10. Le canal 11.

69e. — 1. *Théâtral;* 2. *noir;* 3. *brillant;* 4. *continuel, animé, vif, protecteur;* 5. *battant, épais, bienfaisant;* 6. *gras, gros, vermeil;* 7. *erroné, subversif;* 8. *grec, brûlé;* 9. *turc, vaincu, prisonnier;* 10. *dur;* 11. *nombreux.*

Le chant 1. Le cheveu 2. Un bijou 3. Une discussion 4. La pluie 5. Une femme 6. Une opinion 7. La statue 8. La flotte 9. Un métal 10. Le bétail 11.

70e. — 1. *Victorieux, martial, aguerri;* 2. *moral, récréatif, amusant;* 3. *débiteur, accusateur;* 4. *vieux;* 5. *débiteur* (de mauvaises nouvelles); 6. *positif, certain, rationnel, approuvé;* 7. *brutal;* 8. *épanoui, effeuillé;* 9. *noir, guéri;* 10. *débauché, luxurieux, blâmé.*

La troupe 1. Un conte 2. Une femme 3. Une 4 demoiselle 5. La raison 6. Un caporal 7. La belle rose 8. La mélancolie 9. Une vie 10.

71ᵉ. — 1. *Favori, enjoué, tout-puissant;* 2. *idiot, niais, hébété;* 3. *matinal, ingénieux;* 4. *naval, effrayant, meurtrier;* 5. *anomal, pronominal;* 6. *mutuel;* 7. *universel;* 8. *partisan, orateur, témoin;* 9. *européen, guerrier;* 10. *franc, loyal.*

La sultane 1. Une fille 2. L'homme 3. Un combat 4. Un verbe 5. L'école 6. Une méthode 7. La femme 8. La nation 9. L'affaire 10.

Les élèves compléteront les mots commencés, et remplaceront les tirets par les adjectifs, qu'ils feront accorder. — (EXERCICES INVERSES).

72ᵉ. — Des maisons *neuves* et *blanchies;* des cabinets —; une mais... —; un cabin... —. Les *mauvaises* conduites *désapprouvées;* les — jeux —; la — cond... —; le — jeu... —. Des fleurs *artificielles, fanées;* des lilas —; une fl... —; un lil... —. Tes *vieilles* routines *abolies;* tes — usages —; ta — rout... —; ton — usag... —. Les lois *protectrices;* le député —. Les tulipes *fraîches;* le réséda —. Des donations *préfixes;* un contrat —.

73ᵉ. — Des effets *commerciaux;* un effet —. Les rivages *méridionaux;* le riv... —. Les langues *franches, défectueuses;* les discours —; la lang... —; le disc... —. Des grammaires *grecques* ou *latines;* des thêmes —; une gramm... —; un thême... —. Les régions *boréales;* les vents —; la rég... —; le vent —. Des femmes *rousses, fausses, radoteuses, vindicatives;* un homme —. Les *beaux* cierges *pascals;* le — cierge —. Des affaires *sérieuses, devenues publiques;* un partage —.

74ᵉ. — Des lettres *postérieures* ou *antérieures;* des faits —; une lett.., —; un fait —. Des remèdes *cordiaux, purgatifs;* un remèd... —. Des fièvres *bénignes;* des maris —; une fièvre —; un mari —. Les paroles *douces;* les enfants —. la par... —; l'enf... —. Des femmes *superstitieuses;* des vieillards —; une femme —; un vieill... —. Les feux *vifs, incandescents;* le feu —. Des dames *inspectrices, bonnes* et *belles;* des avocats —; une dame —; un avoc... —. Les charges *onéreuses;* les intérêts —; la ch... —; l'int... —.

Les élèves remplaceront les numéros qui suivent les noms, par les adjectifs correspondants, et traduiront ensuite par le singulier. (EXERCICES INVERSES.)

75ᵉ. — 1. *Pêcheur, purifié;* 2. *loyal;* 3. *municipal;* 4. *devineur, maître, traître;* 5. *protecteur;* 6. *quotidien, public, commercial;* 7. *hebdomadaire, instructif;* 8. *bleu;* 9. *grec; industriel;* 10. *doux, vivifiant.*

Des âmes 1. Les neveux 2. Les conseillers 3. Des femmes 4. Les ordonnances 5. Les feuilles 6. Des journaux 7. Les yeux 8. Les colonies 9. Des pluies 10.

76°. — 1. *Episcopal*; 2. *absous, racheté*; 3. *glacial*; 4. *nasal*; 5. *communal*; 6. *obscur*; 7. *cruel*; 8. *odieux*; 9. *nuptial, élégant*; 10. *actif*; 11. *faux, discordant*.

Les palais 1. Des fautes 2. Des vents 3. Des sons 4. Les biens 5. Les chambres et les cabinets 6. Les hyènes et les tigres 7. La colère et l'orgueil(*) 8. Des robes et des habits 9. Les paysannes et les paysans 10. Les oreilles et les voix 11.

Les élèves compléteront les adjectifs commencés.

77°. — *Ombragé, frais* : La colline et le vallon ombr... et fr... *Moral* : Un conte et un récit mor... *Formel* : La parole et la promesse form... *Dissous* : La chambre et le conseil diss... *Nutritif* : Un aliment et un légume nutrit... *Doux* : La vache et le mouton d... *Nécessaire* : La lecture et l'écriture nécess... *Malheureux* : Sa mère et sa veuve malh... *Mérité* : L'éloge et la récompense mér...

78°. — *Sucré* : La poire et la nèfle sucr... *Vif* : Un drame et un roman v... *Exprès* : La loi et la coutume expres... *Nul* : La procédure et l'acte n... *Bon, gentil* : Le frère et la sœur b... et gent.... *Excellent, rafraîchissant* : Une gelée et une compote excell..., rafraîch... *Menteur* : Mes servantes et mes domestiques ment... *Convenable* : Des charrues et un rouleau conven...

Les élèves corrigeront les fautes qu'ils rencontreront dans les exercices suivants.

79°. — Une grammaire et une arithmétique nouvelle. L'histoire et la géographie amusant, instructif. Une lettre et un conseil amical. Les canifs et le crayon nouveau. La grange et la maison ancien. La poire et l'abricot délicieux. Une action et une faute secrèt... Le mensonge et la calomnie odieux. Charles et Achille égal en composition. La feuille et la carte blanche.

80°. — Le maître et l'institutrice utile. Sa figure et ses paroles bénigne. Adèle et Virginie grandes et affectueuses. Mon cousin et ma cousine sont poli, prudent et instruit. Elle a des robes, un châle et un voile blanc. Dieu et ses œuvres sont éternel... Des peines et un embarras continuel. L'exercice, la sobriété et le travail sont salutaire. Ce riche et ce pauvre seront égal après la mort.

81°. — La Somme et le Pas-de-Calais sont voisin. Des mères et des filles resté coi. Mes bottes et mes souliers sont usées. La barbe, les cheveux et les sourcils blond et épais.

(*) Ces mots ne s'emploient pas au pluriel.

Votre goût et votre attention sont supérieur. Des salades et d'autres plantes tardif. Les linottes et les fauvettes légères et gentille. La lampe et la chandelle lumineux. Paris et Marseille sont fort éloigné.

DÉTERMINATIFS.
Adjectifs possessifs.
(Gramm. N°s. 69 et 70.)

Mettre *mon*, *ma*, *mes*, à la 1re ligne; *ton*, *ta*, *tes*, à la 2e.; *son*, *sa*, *ses*, à la 3e.; *notre*, *nos*, à la 4e.; *votre*, *vos*, à la 5e.; *leur*, *leurs*, à la 6e. devant les noms, suivant le genre et le nombre, et aussi suivant les initiales ou premières lettres.

82°. — père, — mère, — frère, — sœur, — mouchoirs, — papiers, — habit, — honneur, — héritiers, — habillement, — amour, — armoires, — acte, — agrafe, — enclume, — chanvre, — canton, — éloges, — intervalle, — onglée, — stalle, — paraphe, — idole, — écho, — encriers, — équivoque, — hameçon, — boutiques. — soufflet.

83°. — habitude, — harpe, — cousines, — tante, — histoire, — hache, — haine, — honte, — hotte, — fils, — houlettes, — hommage, — tableaux, — pantalons, — nez, — oiseau, — vache, — omelette, — yeux, — journal, — glaire, — rave, — ordre, — orge, — géométrie, — poutre, — four, — maison, — charrette.

Adjectifs démonstratifs.
(Gramm. N°s. 71 et 72.)

Mettre *ce*, *cet*, *cette*, *ces*, devant les noms ci-après, suivant le genre, le nombre et les initiales.

84°. — livre, — papier, — plume, — encre, — honneur, — homme, — parents, — passions, — voisine, — statue, — crayons, — plumes, — échaudé, — épisode, — fibre, — amabilité, — effigie, — aqueducs, — artifice, — garçons, — éclair, — étage.

85°. — épreuves, — mœurs, — caractères, — émétique, — stalle, — épiderme, — ongle, — blés, — source, — hotte, — haricot, — qualité, — héros, — mur, — huppe, — hydromel, — hypothèque, — hydre, — arrhes, — ordre, — orgueil, — nacre.

Adjectifs numéraux et Adjectifs indéfinis.
(Gramm. N°s. 73 à 77.)

Dans les phrases suivantes, les élèves souligneront les adjectifs numéraux *cardinaux* et *ordinaux*, ainsi que les adjectifs indéfinis, et en distingueront l'espèce, en mettant au-dessus les initiales, de cette manière: *a. n. c.*, ou *a. n. o.*, ou *a. i.*

86°. — *Tout* homme est sujet à la mort. C'est mon *premier* élève. J'ai reçu *cinq* francs hier. *Aucun* de vos livres n'est mauvais. Ces demoiselles ont *quelques* connaissances. Il est mort à *soixante-deux* ans. J'ai fait *plusieurs* demandes pour vous. *Chaque* âge a ses plaisirs. L'Amérique fut découverte en *mil quatre cent quatre-vingt-douze*. Je vous l'ai répété *maintes* fois. C'est toujours la *même* chose. Nous avons eu la *cinquième* partie de *trois cents* francs.

RÉCAPITULATION
DE TOUT CE QUI PRÉCÈDE.

Les élèves souligneront les adjectifs qualificatifs et les adjectifs déterminatifs; ils en distingueront l'espèce, le genre et le nombre, par des initiales, au-dessus des mots soulignés, de cette manière : *a. q. m. s.* (adjectif qualificatif masculin singulier); *a. p. f. p.* (adjectif possessif féminin pluriel), etc.

87°. — *Tous* les hommes sont *égaux* devant Dieu. *Notre* vie est *un* songe, et la mort, *un* réveil. On dit avec raison : *douze* métiers, *treize* misères. *Ces* juges condamnèrent Socrate à boire la ciguë. *Nul* homme n'est parfaitement *heureux*. Si tu me trompes *une première* fois, tant pis pour toi; *une seconde* fois, tant pis pour moi. *Quel* bras vous suspendit, *innombrables* étoiles? Suivez *ses sages* avis, *mes bons petits* enfants.

Mettre au singulier les noms qui sont au pluriel et au pluriel ceux qui sont au singulier; faire varier les articles et les adjectifs qui s'y rapportent.

88°. — Ce canif et cette grammaire. Mes casquettes sans mes chapeaux. Le premier jour et la première nuit. Les bouteilles et les encriers neufs. Nos enfants et vos parents. Ces tables ou ces tableaux. Ton problème et ta composition. Les dernières éditions de mes arithmétiques. Ses tables et ses armoires nouvelles. Cette planche et ce travers blanchis. Ces escaliers ou ces échelles. Telle somme ou tel capital fixe.

89°. — Les grands tonneaux des marchands. L'arbre élevé de la forêt. Ces journaux ou ces écrits. Un chou et un cabus vendus. Des cailloux et des grès travaillés. Mes images et mes prix. La belle couleur de cette étoffe. Le bail de ce bon fermier. Ton beau joujou et ton gros marteau. Une oreille et un doigt coupés. La jument et le cheval vicieux. La blouse jaune et les cravates rouges.

90°. — Les aimables enfants de vos amis. L'hôpital et le collège anciens. Le nez long et difforme. Les ouvrages classiques de nos bibliothèques. Le grand portail de l'église. Mon filleul et mon neveu très-instruits. L'heureuse épouse de cet homme laborieux. Les gros lots gagnés par ses voisins. Tes horloges ou tes montres de haut prix. Quel beau discours a fait cet orateur! (Plur. *ont faits*).

91e. — Mes affaires importantes et vos visites amicales. Le joli bouton de mon nouvel habit. L'eau du lac et le canal du fleuve. Les beaux articles des livres. L'animal domestique nécessaire à l'homme. Le rossignol est un oiseau timide. Le chou est un légume bien sain. Les verrous nécessaires aux portes. L'œil vif et étincelant de cette petite. Les cieux parsemés d'étoiles. Le tapis écossais du marchand. Les velours, objets de commerce.

Corriger les fautes.

92e. — Des enfants docile en classe. Une chose secrèt... n'est pas à révéler. Les bruits public sont parfois mensonger. Mes récompenses annuel m'ont toujours été chères. Nos banc inégaux en hauteur. Des écoliers actif. Une réponse affirmatif. Ce sont des occasions dangereux. Je n'ai trouvé que quelque pommes pourri. Les perdrix et les lièvres inquiet. Une parole trompeur, et une composition supérieur.

Mettre les phrases suivantes au féminin, puis les écrire au masculin pluriel (*deux exercices*).

93e. — Ce marchand est un crieur public. Cet acteur est malin, mais spirituel. Mon serviteur est franc, doux et vertueux. Notre instituteur est vieux et caduc. Un époux jaloux, mauvais et inquiet. C'est un juif vengeur et vindicatif. Voilà un menteur effronté, railleur et fripon. Ton aïeul est devenu fou. Le paysan est méprisé par le bourgeois.

DU PRONOM.

(Gramm. Nos. 78 et suivants.)

Pour ne pas répéter les noms, les élèves sont priés de les remplacer par des pronoms.

94e. — *Mon fils* aime l'étude; *mon fils* travaille fort bien. *Anaïs* est encore petite, mais *Anaïs* grandira. Ces *enfants* sont dociles; ces *enfants* seront récompensés. Vos *pommes* sont meilleures que mes *pommes*. *Emile* est polisson; le maître... punira *Emile*. La *salle* est trop petite; faites... donc agrandir la *salle*. Aimez vos *maîtres*, respectez *vos maîtres*, et obéissez... à *vos maîtres*. *Charles* est studieux; sa mère est contente de *Charles*. J'aime *l'étude*; je m'applique à *l'étude*. On a fini *ce dessin*; que pensez-vous de *ce dessin*?

Pronoms personnels.

(Gramm. Nos. 82 à 91.)

L'élève complètera les phrases, pour indiquer la signification des pronoms.

95e. — Il *me* dérange, c'est-à-dire Il dérange —.
Elle *me* désobéit, c.-à-d. Elle désobéit —.

Ces enfants *nous* parlent, — Ces enfants parlent —.
Ils *le* regardent, pour Ils regardent —.
Ce marchand *vous* a nui, p. Ce marchand a nui —.
Je *lui* écrirai, p. J'écrirai —. (*On parle d'une femme*).
Nous *les* flattons, p. Nous flattons —. (*On parle de plusieurs hommes*).
Vous *leur* direz cela, p. vous direz cela —. (*On parle de petites filles*).

96°. — Je *le* verrai, c'est-à-dire Je verrai —.
Je *la* verrai, c.-à-d. Je verrai —.
Je *l'*ai grondée, — J'ai grondé —.
Il *se* connaît, — Il connaît —.
Elle *s'*est nui, — Elle a nui —.
Nos parents *se* sont parlé, — Nos parents ont parlé —.
Vous vous *en* repentirez, — Vous vous repentirez —.
Je m'*y* applique, p. Je m'applique —. (*On parle de l'étude*).
J'*en* disais du bien, p. Je disais du bien —. (*On parle d'un frère*).

Pronoms possessifs, démonstratifs, relatifs, etc.

(Gramm. Nos. 91 à 100.)

Les élèves traduiront au pluriel. Ils indiqueront l'espèce des pronoms.

97°. — Ta cousine est (*) naïve, spirituelle ; la *mienne* est vive, enjouée. Cette plume blanche est *la tienne* ; *celle-ci* est *la sienne*. Ce jardin est *le nôtre* ; *celui-ci* est *le vôtre*. Sa maison est plus belle que *la mienne*. Cette propriété est *la leur* ; *celle-ci* est *la vôtre*. Ton habit est neuf ; *le mien* est usé. Sa redingote est grande ; *la vôtre* est petite. L'homme *auquel* je parle. La femme à *laquelle* tu as nui. *Duquel* voulez-vous ?

98°. — Cette voiture est *la nôtre* ; *celle-là* est *la vôtre*. Notre cour est moins étroite que *la leur*. Cette plume est *la mienne* et non la *tienne*. Voici la personne aux soins de *laquelle* je suis confié. a. *Qui* vous a dit *cela* ? a. *Que* pensez-vous ? a. On m'a raconté une belle chose. a. *Laquelle* donc, s'il vous plaît ? a. *Chacun* se dit ami, mais fou *qui* s'y repose : rien n'est plus commun que le nom, ni plus rare que la chose.

(*) Le mot *est* fait *sont* au pluriel, comme on a déjà pu le voir. — Les phrases marquées d'un *a* ne peuvent être mises au pluriel.

RECAPITULATION DES PRONOMS.

(V. INTRODUCTION.)

Dire de quel nom le pronom tient ou est censé tenir la place.

99e. — La vertu plaît ; *elle* fut et sera toujours belle. *Je* n'aime pas *ceci* ; je préfère *cela*. Quand *on* cherche la vérité, *on la* trouve. *Que* pensez-*vous* de cet homme ? Les productions de la nature sont variées : chaque pays a *les siennes*. *Nous* respectons la justice et la bonne foi en *tout* et partout. Voici les merveilles *que* Dieu a créées. *C'est* l'élève *dont je me* plains. *Celui-ci* travaille mieux.

DU VERBE.

(Gramm. N°s. 100 à 103.)

Les élèves sont priés de souligner les verbes et de dire pourquoi ils ont cette fonction.

100e. — Parler, chanter, sortir, venir, pouvoir, mouvoir, être, rendu. Je parle de vous. Vous chanterez demain. Cet élève sortira bientôt. Elles viendraient me voir, si vous le permettiez. Je puis vous satisfaire. Tu te meus en tous sens. Nous sommes désireux de vous voir. Vos parents me rendront cela. Je partirai ce soir. Tu puniras les paresseux. Ses parents l'avaient dit.

Du Nombre et de la Personne.

(Gramm. N°s. 103 à 106.)

Les élèves souligneront également les verbes dans les phrases suivantes ; ils en indiqueront le nombre et la personne : singulier par *s* ; pluriel par *p* ; 1re., 2e. ou 3e. personne, par 1re. *p*, 2e. *p*, 3e. *p*.

101e. — Le rossignol est timide. Je serai obéissant. Tu as eu une récompense. Il savait mieux ses leçons. Nous vous appellerons ce soir. Vous voudrez bien les examiner. Ils ont lu de bons livres. Elles me prêteraient leurs dessins, si je les en priais. Mon enfant, travaille bien. Nos élèves ont compris ces explications. Il faut que je lui dise cela. Il serait désirable que vous eussiez terminé. Le proverbe dit : Pense avant que d'agir.

Du Temps.

(Gramm. N°s. 106 à 116.)

Dire à quels temps sont les verbes dans l'exercice ci-dessous.

102e. — *J'étudie* pendant que tu *joues*. Je *lisais* quand il *vint* me trouver. Nous *avons examiné* vos devoirs ; nous les *avons trouvés* bien faits. Je *partis* dès que *j'eus réglé* mes affaires. Elles *avaient terminé* avant votre arrivée. Monsieur, me *permettrez*-vous de copier maintenant ma leçon? J'*aurai fini* pour l'heure de la sortie. Ma mère *a* toujours *été* bonne pour moi. Vous *n'avez* rien *fait* encore.

Des Modes.
(Gramm. Nos. 116 à 123.)

Dire à quels modes sont les verbes dans l'exercice ci-dessous.

103e. — Je *suivrais* cet ouvrage, si je le *possédais*. Tu *as lu* cette fois avec application. Mes enfants, *faites* bien tous vos devoirs. Il est beau de *remplir* ses engagements. Vous *désirez* que vos cousines se *conduisent* honnêtement. Elles *auraient* mieux *parlé*, si elles *avaient* réfléchi. Ces plumes *sont* un peu fines. *Écoutez* toujours avec docilité la parole de votre pasteur, de vos parents et de vos maîtres.

Du Sujet.
(Gramm. Nos. 123 à 129.)

Les élèves souligneront les sujets des verbes dans les phrases suivantes.

104e. — Mon père m'aime tendrement; il viendra bientôt me voir. Mes bons amis, vous ne devez jamais vous quereller. Aurait-elle besoin de renseignements pour traiter ce sujet? Que de fois nous avons blâmé leurs désobéissances! Quand on avoue sa faute, on l'efface en partie. Au bas de la page se trouve l'explication. Les chapeaux que mes sœurs ont achetés, leur plaisent infiniment.

Du Complément.
(Gramm. Nos. 129 à 135.)

L'élève est prié de souligner les compléments directs des verbes en italique.

105e. — *Sauriez*-vous déjà cette nouvelle? Il te *recevra* aujourd'hui. Nous *aimons* nos parents de tout notre cœur. Ne *faites* aucun mal à personne. Dieu *punit*, en ce monde, ou en l'autre, ceux qui *violent* ses commandements. Nous les *avons vus* se livrer au travail avec ardeur. Émile *avait lu* le journal, quand on vint pour le *chercher*. O Marie! *jetez* un regard favorable sur nous, et par Jésus, *conduisez*-nous au ciel.

Des Conjugaisons.
(Gramm. Nos. 135 à 143.)

MM., vous indiquerez, s. v. p., la conjugaison à laquelle appartiennent les verbes.

106e. — Mon Sauveur, *faites*-moi la grâce de ne vous *offenser* jamais. Je *veux* me réconcilier avec vous; Seigneur, *ayez* pitié de moi. Vous ne *rougirez* jamais de *suivre* la loi de Jésus-Christ. Nous *croyons* en Dieu, parce que nous *sommes* convaincus qu'il *existe*. Tout, dans l'univers, *prouve* sa bonté, sa magnificence. *Souvenez*-vous sans cesse qu'il *est* présent partout, quoique vous ne le *voyiez* point.

Le Verbe Avoir et le Pronom Personnel.
(Gramm. Nos. 78 à 90, 105 et 143.)

Les Elèves sont priés de mettre les pronoms convenables devant les verbes.

107°. — J'ai faim. Tu as peur. Il a soif. Elle a tort. Nous avons pitié. Vous avez besoin. Ils ont horreur. Elles ont compassion. — avais coutume. — avait raison. — aviez souci. — avions permission. — avaient froid. — eus envie. — eut peine. — eûmes souvenance. — eurent connaissance. — eûtes ordre. — aura raison. — auras droit. — aurai faim. — auront tort. — aurez du pain. — aurons compassion.

108°. — aurais chaud. — aurait soif. — auraient soin. — aurions compassion. — auriez coutume. Que — aie regret. Qu' — ait confiance. Que — aies patience. Que — ayez contre-ordre. Qu' — aient peur. Que — ayons chaud. Que — eusse peine. Que — eusses regret. Que — eussions horreur. Que — eussiez foi. Qu' — eussent besoin. Qu' — eût pitié.

109°. — ai eu compassion. — as eu pitié. — a eu tort. — avons eu connaissance. — avez eu ordre. — ont eu honte. — eus eu envie. — eut eu horreur. — eûmes eu besoin. — eûtes eu peur. — eurent eu chaud. — avait eu faim. — avais eu besoin. — avaient eu contre-ordre. — avions eu du profit. — aviez eu patience. — aurai eu peur. — auras eu répugnance. — auront eu pitié. — aurons eu compassion. — aurez eu froid.

110°. — aurait eu faim. — aurais eu profit. — auraient eu du chagrin. — auriez eu besoin. — aurions eu patience. — eusse eu horreur. — eusses eu peur. — eût eu pitié. — eussiez eu ordre. — eussent eu froid. — Que — aie eu raison. Que — aies eu tort. Qu' — ait eu compassion. Que — ayons eu la croix. Que — ayez eu cette place. Qu' — aient eu contre-ordre. Que — eusse eu connaissance.

Le Verbe Être et le Pronom Personnel.
(Gramm. Nos. 78 à 90, 105 et 144.)

Après avoir fait les exercices suivants comme ceux du verbe *avoir*, l'élève mettra les adjectifs masculins au féminin, et réciproquement. *Il, ils* seront remplacés par *elle, elles*, etc.

111°. — Je suis picard. Tu es prudent. Il est spirituel. Elle est craintive. Nous sommes discrets. Vous êtes savants. Ils sont sensés. Elles sont grasses. — étais poli. — était vif. — étions musiciens. — étiez veufs. — étaient jaloux. — Fus inquiet. — fut malin. — fûmes impartiaux. — fûtes honteux.

— furent témoins. — seras bavard. — serai bon. — sera muet. — serez libéraux. — serons prompts. — seront cois.

112⁰. — serais favorisé. — serait impartial. — serions généraux. — seraient capricieux. — seriez partiaux. Que — sois hardi. Que — soyons égaux. Qu' — soit acteur. Que — soyez conseillers municipaux. Qu' — soient orateurs. Que — fusses colporteur. Que — fusse boudeur. Qu'—fût dangereux. Que — fussions savants. Que — fussiez cabaleurs. Qu' — fussent persécuteurs.

113⁰. — — ai été heureux. — as été poltron. —a été vainqueur. — avons été égaux. — ont été complaisants. — eut été boudeur. — eurent été meilleurs. — avais été courageux. — avait été franc. — avions été soupçonneux. — aviez été naïfs. — avaient été brefs. — auras été faux. — aura été bouffon. — aurez été immoraux. — auront été veufs. — ai été tranquille. — as été protecteur. — avaient été calomniateurs. — aurez été menteurs.

114⁰. — — aurais été cruel. — aurait été franc. — auraient été méchants. — eussent été généreux. — eût été vindicatif. —eussions été peureux.— eussiez été savants. — eussent été matinals. — Que — aies été ambitieux. Qu' — ait été mou. Que — ayons été bénins. Que — ayez été absous. — Qu' — aient été bergers. — Qu' — eût été bon. — Que — eussions été maîtres. Que — eussiez été courageux. Qu' — eussent été dispos. Que — eusses été léger.

VERBES RÉGULIERS.
Première Conjugaison.
(Gramm. Nos. 145 à 148.)

Les élèves souligneront les verbes actifs, puis ils mettront au singulier les verbes qui sont au pluriel, et au pluriel ceux qui sont au singulier, *aux mêmes temps* et *aux mêmes personnes*. — Revoir souvent le tableau synoptique de la terminaison des verbes, n°. 429 de la Grammaire.

115⁰. — Nous chantons une romance. Vous marchez dans la boue. Elles brodent un collet. Je gagnais de l'argent. Tu agrafais sa sœur. Il consacrait une église. Nous consolions vos parents. Vous enrôliez des soldats. Il récoltait du blé. Nous travaillâmes hier. Elle parle souvent de vous. Vous aviez désigné des lots. J'épargnerais davantage. Ce chasseur tire un lièvre.

116⁰. — Je souhaiterai la bonne année. Vous continuerez cela. Ils apostropheront ces étrangers. Elle saigne du nez. Tu joueras demain. Il a décampé d'ici. Vous dansiez tout à l'heure. Nous appréhendions leur visite. Ils déracineraient tout. Arrêtez donc. Assemble le conseil. Décampez bien vite. Nous refusons de les voir. Elles rajustent ces robes. Vous auriez lutté de courage. J'ai commandé le dîner.

117e. — Que je calcule. Que vous appliquiez. Qu'ils attrapent. Que nous arguïons. Que vous rasiez. Qu'il culbute. Que tu remarquasses. Qu'elles renversassent. Que nous occupassions. Que j'augmentasse. Que vous ayez abandonné. Qu'ils eussent corrigé. Que j'eusse distribué. Que tu aies éclairé. Nous avons chassé. Vous eussiez loué ces terres. L'honnête homme ne trompe pas.

Seconde Conjugaison.
(Gramm. Nos. 157 à 161.)

118e. — Nous subissons la punition. Vous affaiblissez sa renommée. Ils ennoblissent la langue. J'établis des principes. Tu avertis nos voisins. Cet élève faiblit déjà. Vous nourrissiez des pauvres. Ils affranchiront mes lettres. Nous fléchissions les genoux. Tu blanchissais le linge. Elle rafraîchissait ces plumes. *Passé déf.:* Je réfléchis. Tu adoucis. Ils noircirent la table. Ma fille rougit hier.

119e. — Vous agrandirez la maison. J'applaudirais bien volontiers. Nous avons bondi de joie. Sa fille se dégourdira. Obéis à l'instant. J'eus saisi les récoltes. Vous aurez raffermi la terre. Tu eus réuni les voisins. Ils emplirent plusieurs tonneaux. Nous assujettissions des planches. Il hait les indiscrets. Vous eussiez réussi, même sans sa protection. Affranchis ma lettre et avertis le facteur.

120e. — J'agis sagement. Tu maigrissais à vue d'œil. Nous élargirons l'allée. Elle avait langui longtemps. *Il fallait que* (*) vous réussissiez. Ils auront grandi beaucoup. Rougis de faire le mal. *Il ne fallait pas qu'*il eût trahi nos secrets. Nous avons envahi la maison. J'abolirais cette coutume. Vos oncles auraient haï nos mensonges. *Faut-il que* je périsse?

Troisième Conjugaison.
(Gramm. Nos. 161 à 165.)

121e. — Je conçus autrefois cela. *Je désirais* qu'ils dussent le moins possible. *Je ne pense* pas que vous ayez aperçu le feu. Elle aurait redû après la livraison. Tu eus perçu nos prestations. Nous apercevons de la lumière. *Il exige* que tu reçoives les anciennes dettes. Nous avions reçu vos lettres. Concevez-vous ceci? Qu'il ait dû, ou qu'ils eussent perçu. Cette petite reçoit de mauvais conseils.

(*) On ne fera point changer, dans la traduction, les verbes en *caractères italiques*.

Quatrième Conjugaison.

(Gramm. Nos. 165 à 172.)

122e. — Je répands des engrais. Tu perdais avant mon arrivée. Nous eûmes attendu votre tante. Défendez ces jeux peu innocents. Je vendis à meilleur compte. L'enfant est descendu ici. Ils entendront lire sa condamnation. *Ils désiraient* que tu moulusses mon grain. Il aura rompu les chaînes. Nous interromprons la querelle. Ils correspondraient en franchise. Entends-tu les oiseaux ?

123e. — Vous revendrez ces chevaux. J'entends fort bien sa voix. Elles suspendirent la conversation. Tu as tendu des pièges. *Il fallait* que nous confondissions les accusateurs. Ce cheval mordait parfois. Tu fondrais des caractères. Ils retordront nos cordes. Répondez à ma question. J'avais cousu ceci. Qu'il découse cela. Nous perdons sur ce marché.

Verbes en cer.

(Gramm. N°. 148.)

124e. — Tu agaçais les passants. Ils annoncèrent la bonne nouvelle. J'amorçai le fusil. Il *faut* que nous ayons avancé. Vous balanciez d'obéir. Il eût dénoncé les perturbateurs. Vous auriez déplacé ces effets. Effaçons l'écriture (*Pas de sing*). J'énonce mes intentions. Ils ont exercé divers métiers. Tu ensemencerais et il aurait prononcé. Je lance et tu remplaçais. Vous prononçâtes. *Je désire* que vous commenciez demain.

Verbes en ger.

(Gramm. N°. 149.)

125e. — *Il aurait fallu* qu'ils eussent mangé. *Elle désirait* que nous changeassions de vêtements. Tu auras arrangé le jardin. Vous dégagiez ses effets. Je déloge et je déménage. Il eut dirigé les travaux. Ils adjugèrent ce meuble à un étranger. Je soulage ce pauvre malheureux. Vous ravagiez notre verger. Nous avions partagé. Il forgea toute la journée. *Ma sœur voulait* que vos cousines obligeassent ces braves gens.

Verbes en eler, eter.

(Gramm. N°. 150.)

126e. — Nous amoncelons ces gerbes. Attelez-vous les chevaux? Nos ouvriers ont carrelé la salle. Son frère aurait chancelé. Je nivelai ce terrain. *Il faut* que tu épelles ta leçon. Je ne renouvellerai pas cet ordre. Il avait cacheté les lettres. Vous pelez des pommes, et nous jetons des cailloux. Tu projetterais toujours, et ils achèteraient sans cesse. Rejetez les mauvais conseils.

127ᵉ. — Nous décachetions ses lettres. Vous décelâtes nos secrets. Ils ont fureté partout. Je désire que vous atteliez trois chevaux. J'eus soufflété cet enfant. *Il fallait* qu'ils rejetassent ces avis. Achetez des pommes ou des poires. Il aura démantelé ceci. J'eusse étiqueté les velours. *Il faut* que tu aies martelé ma plaque demain. Nous feuilletons des livres d'histoire.

Verbes dont la finale er est immédiatement précédée d'une autre syllabe ayant un e muet ou un é fermé, comme ceux en éger, éler, éter, ener, eser, ever, etc.

(Gramm. N°. 151.)

128ᵉ. — Nous cédons à votre désir. Vous enleviez des barricades. Tu végètes dans cette profession. Elle règnera avec gloire. Vous pesez plus fort que lui. Nous inquiétons les passants. Je révélerais les bonnes actions. *Il fallait* qu'ils achevassent. Vous amenez ici un coupable!... *Elle exige* que nous protégions les opprimés. Assiégez cette ville sans crainte. *Il faut* que nous le réglions sous deux jours.

Verbes en ier, yer, éer, ouer, uer, etc.

(Gramm. Nᵒˢ. 152 à 156.)

129ᵉ. — *Présentement* je colorie et tu communies; je copie et tu cries; je plie et tu déplies. *Hier* je priais, tu épiais, je fortifiais, tu injuriais, je glorifiais et tu te justifiais. *Il faut* que j'oublie ses injures; que tu psalmodies mieux; que je publie cela; que tu y remédies; que je supplie et que tu vérifies mes comptes. *Veux-tu* que nous mendiions? *Dieu exige* que vous le priiez avec amour.

130ᵉ. — *Aujourd'hui* je paie, tu balaies, je côtoie, tu déploies, j'appuie, tu essuies. *Hier* j'égayais, tu essuyais, je ployais, tu giboyais, j'ennuyais, tu désennuyais. *Elle ne veut pas* que j'enraie, que tu fraies, que je relaie, que tu coudoies, que je rudoie, que tu tutoies. *Il faut* que nous nettoyions nos habits et que vous côtoyiez le rivage. Il effraie les passants par des récits mensongers.

131ᵉ. — Nous agréons cette offre. Vous créez des difficultés. Ils maugréent bien souvent. *Il est juste* qu'ils se récréent. Tu suppléeras son frère. Nous arguons à faux. Je tuais des moineaux. Tu suais de grosses gouttes. Je clouais ces planchers. Tu désavouais sa conduite. *Il veut* que je joue aux lotos; que tu renoues tes cordons, et que je loue un cheval. *Je désire* que vous ponctuiez bien.

132ᵉ. — Nous lui envoyons un présent. Vous effrayez ces petites. Ils appuient la maison. Elle raie des pages entières. Nous côtoierons la forêt. Ils essuieront la table. Vous étaierez nos murs. Ma fille balaiera le dortoir. Je nettoierais des souliers. Vous égaierez la société. Ils ennuyèrent vos parents. Tu as enrayé la voiture. *Il fallait* qu'ils déblayassent ces terreaux. Vous bégayez, mon ami. Je bégayais aussi autrefois.

133e. — Nous louerons une chambre garnie. Vous jouerez en récréation. Ils prieront Dieu avec ferveur. Je secouais vos œillettes. *Elle demande* que tu certifies sa moralité. Hier, vous criiez au secours; aujourd'hui vous désavouez tout. Il a estropié un mouton. Je délierai leurs paquets, qu'il expédiera ensuite. Tuez donc ces moineaux. Ils échoueraient dans cette entreprise. Tu clouas mal la porte.

RÉCAPITULATION DES VERBES.

(Gramm. Nos. 148 à 172.)

134e. — Je force à la 3e décimale. Vous ménagiez sa faiblesse. *Il faut* que nous appelions les enfants. Cachette cette lettre avec de la cire. Pelez bien vite les pommes. Ma sœur a acheté une maison. Ils espèreront jusqu'à la fin. *Ne pensez pas* que nous ramenions la voiture. Tu les suppliais inutilement. *Il fallait* qu'ils déployassent de la vigueur. Je me crée des amis. Ces voleurs menacèrent nos domestiques.

135e. — Vous auriez protégé mes enfants. Ils contribueraient à les perdre. *Il faudra* que je déblaie ces magasins. Hier, tu jouais ; aujourd'hui tu remues. Les missionnaires avaient béni cela. Nous haïssons le mensonge. Vous eussiez dû l'avertir. Il se créera des difficultés. Nous craignons de le déranger. Je partage avec eux de bon cœur. Appréciez leurs bonnes qualités. Paie et ne te plains pas.

136e. — Vous remuïez souvent en classe. Ils florissaient du temps de Louis XIV. *Il faut* que nous feuilletions ceci. Mes enfants forcèrent la porte. Tu croyais cela autrefois. Concevez-vous mon explication? Il se noie! quel malheur! *Je désirerais* qu'ils essuyassent la table. Tu simplifierais l'affaire. Nous considérons ces lieux. Je rachèterai des chevaux. *Elle doute* que vous agréiez nos cadeaux. Ils l'auront sans doute absous.

137e. — Je chancelle dans cette pénible affaire. *Il aurait fallu* que tu eusses craint la punition. Promenez-vous dans la cour. *Crois-tu* qu'il emploie mal le temps ? Ils prièrent Dieu avec attention. *Il fallait* qu'ils travaillassent mieux. Nous appuyons votre candidature. *Il faut donc* que vous coudoyiez les voisins? Espère en l'avenir et essaie de rester. Vous surnagiez sur l'eau. Travaillons (*Pas de sing.*).

138e. — Je nivelle ces terrains. Vous furetez partout. Tu variais les explications. Nous bégayons parfois en récitant.

Tu tutoyais mes parents. Tu amorças le fusil. Ils allongèrent les traits. *Il ne fallait pas* qu'il balançât. Nous préférons sortir ce soir. *Je resterai* quoique vous m'inquiétiez *Veux-tu* que j'aie fini demain? Aussitôt que vous eûtes joué, je me récréai à mon tour.

139°. — Il relira ces livres. Nous lierions notre blé. Agréez ces jolis présents. *Il faut* que j'apprécie leurs qualités. Je hais les paresseux. Tu as craint la punition. Il aura surpris mes secrets. Nous eussions préféré la mort. *Je désire* que vous avertissiez mon frère. Rendez bien vite cela. Mes enfants enverront les paquets. *Il faudrait* qu'ils fussent attentifs. *Faites* que je voie et que j'aie ceci.

140°. — Tu bouleverses tout, mon ami. Je priais avec persévérance. *Il faut* que nous expiions notre faute. Hier, tu t'appuyais sur moi. Mon cousin remerciera ce brave homme. Nous épelons maintenant. Vous époussetez le linge. Elles dédommagèrent mes amies. J'inquiète les passants. *Il faudrait* qu'il répétât le sujet. Vous broyez des couleurs. Avouerais-tu cette faute? *Ne crois pas* que je tue le gibier. Il suppléa mon frère. Je supplée aussi les leurs.

Des Verbes passifs. (*)
(Gramm. N°s 172 à 177.)

141°. — Conjuguez :

Au présent indicatif : le verbe être estimé ;
A l'imparfait : le verbe être chéri ;
Au passé défini : le verbe être plaint ;
Au futur simple : le verbe être irrité ;
A l'impératif : le verbe être instruit ;
Au passé du subjonctif : le verbe être absous.

Des Verbes neutres.
(Gramm. N°s 177 à 182.)

142°. — Conjuguez :

Au conditionnel présent : le verbe languir ;
Au subjonctif présent : le verbe nager ;
A l'imparfait : le verbe descendre ;
Au plus-que-parfait : le verbe entrer (*il prend* être) ;
Au passé indéfini : le verbe partir (*il prend* être) ;
Au futur antérieur : le verbe profiter (*Il prend* avoir).

Des Verbes pronominaux.
(Gramm. N°s 182 à 187.)

143°. — Conjuguez :

Au présent indicatif : le verbe s'avancer ;
A l'imparfait : le verbe se glorifier ;

(*) Le verbe passif n'est autre chose que le verbe *être* joint au *participe passé* d'un verbe actif.

Au passé défini : le verbe se rendre ;
Au passé indéfini : le verbe s'apercevoir ;
Au passé antérieur : le verbe se réunir ;
Au plus-que-parfait : le verbe s'entendre.

Des Verbes unipersonnels.
(Gramm. Nos. 187 à 190.)

144°. — CONJUGUEZ :
Au futur simple : les verbes pleuvoir, falloir, tonner ;
Au futur antér. : les verbes neiger, grêler, pleuvoir ;
Au condit. prés. : les verbes s'agir, importer, arriver ;
Au subjonctif prés. : les verbes falloir, geler, suffire ;
A l'imparfait : les verbes bruiner, faire, neiger ;
Au plus-que-parf. : les v. valoir, résulter, convenir.

DE LA FORMATION DES TEMPS.
(Gramm. Nos. 190 à 221.)

Les élèves sont priés de former les temps dérivés qui suivent.

145°. — *La 1° personne sing. et la 1° pers. plur. du* futur simple *de :*
Couper, embellir, devoir, rompre, prier, copier, éteindre, louer, combattre, offrir, saluer, tressaillir, rejoindre, survivre, moudre, convaincre, répondre, courir (*V. les exceptions*).

146°. — *La 2° pers. sing. et la 3° pers. plur. du* conditionnel présent *de :*
Rompre, copier, éteindre, tressaillir, couper, combattre, devoir, prier, répondre, saluer, convaincre, offrir, louer, éteindre, savoir (*V. les exceptions*), mordre, relayer.

147°. — *Les 3 pers. plur. du* présent indic. *de :*
Menaçant (*menacer*), assiégeant (*assiéger*), souffletant (*souffleter*), reléguant (*reléguer*), ennuyant (*ennuyer*), ramenant (*ramener*), criant (*crier*), effrayant (*effrayer*), suppléant (*suppléer*), bâtissant (*bâtir*), bouillant (*bouillir*), courant (*courir*), valant (*valoir*), voyant (*voir*).

148°. — *La 3° pers. sing. de* l'imparfait indicatif *de :*
Cueillant (*cueillir*), envoyant (*envoyer*), mourant (*mourir*), repartant (*repartir*), pleuvant (*pleuvoir*), pouvant (*pouvoir*), créant (*créer*), sachant (*savoir*, v. les *except.*), joignant (*joindre*), paraissant (*paraître*), dépeignant (*dépeindre*), rouvrant (*rouvrir*), absolvant (*absoudre*), ayant (*avoir*, v. les *except.*), vêtant (*vêtir*).

149°. — *La 1re pers. sing. et la 2° pers. plur. du* présent du subjonctif *de :*
Cousant (*coudre*), croyant (*croire*), vivant (*vivre*), broyant (*broyer*), fuyant (*fuir*), buvant (*boire*, v. les *except.*), com-

prenant (*comprendre*), prévalant (*prévaloir*), sachant (*savoir*), surfaisant (*surfaire*, v. les *except.*), congédiant (*congédier*).

150e. — *Les 3 personnes de* l'impératif *de :*

J'envoie, nous envoyons, vous envoyez. Je fuis, nous fuyons, vous fuyez. Je meurs, nous mourons, vous mourez. Je couds, nous cousons, vous cousez. Je repars, nous repartons, vous repartez. Je coudoie, nous coudoyons, vous coudoyez. J'agrée, nous agréons, vous agréez. Je décrie, nous décrions, vous décriez. Je promets, nous promettons, vous promettez. Je résous, nous résolvons, vous résolvez.

151e. — *La 1re pers. sing. de* l'imparfait subjonctif *de :*

J'épiai, je parus, je plaignis, je résolus, je vainquis, je revis, je vécus, j'allai, je vins, je naquis, j'envoyai, je mourus, je tins, je revêtis, je prévis, je valus, je joignis, je travaillai, je pus, je fis, je survécus, j'inscrivis, j'accrus, je bégayai, j'agréai, j'entrepris, je convainquis, je reconnus.

VERBES IRRÉGULIERS ET VERBES DÉFECTIFS.
Temps primitifs.

(Gramm. Nos. 221 à 227.)

L'élève écrira les cinq temps primitifs des verbes suivants.

152e. — Renvoyer, feindre, acquérir, plaire, découvrir, mouvoir, recourir, conclure, accueillir, mentir, craindre, mourir, rouvrir, croire, départir, pressentir, remoudre, asservir, surseoir, ressortir, naître, tenir, détordre, assaillir.

153e. — Répondre, devenir, revêtir, rasseoir, falloir, lire, revoir, pouvoir, médire, recoudre, adjoindre, prévaloir, maudire, apparaître, fuir, absoudre; sourire, convaincre, pleuvoir, revivre, reluire, décrire, promettre, pourvoir.

154e. — Nuire, comprendre, interrompre, asservir, prescrire, éteindre, consentir, répondre, battre, naître, résoudre, instruire, disjoindre, pouvoir, acquérir, boire, contrefaire, savoir, prévenir, ceindre, essayer, s'abstenir, concevoir, s'asseoir, requérir.

RÉCAPITULATION DES VERBES
RÉGULIERS ET IRRÉGULIERS.

(Gramm. Nos. 148 à 190, et princip. de 190 à 227.)

Remplacer les tirets par les verbes, qu'on mettra au temps indiqué et à la personne convenable.

155e. — Annoncer, *au prés. indic.:* Nous — la bonne nouvelle.
Rire, *imparf. indic.:* Vous — quand nous arrivâmes.
Partager, *passé déf.:* Il — avec ses camarades.
Révéler, *futur simple:* Je vous — son secret.

Contribuer, *condit. présent* : Ils y — volontiers.
Haïr, *impératif* : Mon enfant, — le mensonge.
Rappeler, *subjonctif prés.* : Elle désire que je la —.
Peindre, *prés. indic.* : Tu — fort bien les ciels de tableaux.
Compromettre, *passé indéf.* : Cet homme — son associé.

156°. — Déployer, *subj. prés.* : Veux-tu qu'ils — leur valeur?
Se promener, *futur simple* : Nous — là demain encore.
Fleurir, *imparf. indic.* : Vous — du temps de Napoléon
Bénir, *condit. passé* : Le prêtre — les cierges.
Créer, *imparf. subj.* : Il faudrait que l'on — une circonscription.
Etudier, *subjonctif prés.* : Je désire que vous —.
Projeter, *passé déf.* : Tu — toute ta vie sans rien entreprendre.
Coudre, *plus-que-parf. indic.* : Mesdames — vous — cela ?
Rejoindre, *plus-que-parf. du subj.* : J'aurais préféré que mon frère m'—.

157°. — Relier, *futur simple* : Ce relieur — ma grammaire
Perdre, *indic. présent* : Tu — ton temps, mon cher ami.
Sortir, *passé défini* : Nous — hier plus tôt qu'aujourd'hui.
Mourir, *condit. présent* : Ils en — de chagrin et de honte.
Vaincre, *passé défini* : Les Romains — plusieurs fois Annibal.
Ecrire, *condit. passé* : J'— la semaine dernière, si je l'avais voulu.
Dire, *impératif* : — au maréchal de venir tout de suite
Faire, *subj. prés.* : Maman désire que nous — notre devoir.
Venir, *imparf. subj.* : Je voudrais que vous — chez moi.

158°. - Détruire, *passé déf.* : Vous — un bien beau monument.
Atteindre, *futur antér.* : Quand tu — l'âge de raison, tu seras libre.
Emmener, *subj. prés.* : Il faut que mon oncle l'— avec lui.
Craindre, *impératif* : — Dieu plus que les hommes, mes enfants.
Permettre, *plus-que-parf. indic.* : Papa m'— d'aller trouver ma sœur.
Venir, *impératif* : — que je vous parle, messieurs.
Mettre, *passé du subj.* : Il faut que j'— mon style au net ce soir.
Confondre, *plus-que-parf. du subj.* : Auriez-vous pensé qu'ils — ces choses
Fuir, *imparf. indic.* : Vous — de peur, bien mal à propos.

159°. — Aller, *impératif* : — y, si tu le veux.
Surseoir, *futur simple* : Il — à votre exécution.
Ouïr, *indic. prés.* : J'— fort bien vos paroles.
Eclore, *subj. présent* : Je désire que cette fleur — bientôt.
Seoir, *ind. présent* : Ces manières vous — mal.
Messeoir, *condit. prés.* : Votre conduite — envers tout autre.
Rejaillir, *imparf. subj.* : Voudrais-tu que sa honte — sur nous?
Accourir, *imparf. indic.* : Nous — pour vous atteindre.
S'enquérir, *futur simple* : Vous — du motif de sa fuite.

Les élèves mettront les verbes suivants aux temps indiqués par les numéros correspondants. Le 1er verbe se conjuguera avec *je*, le second avec *tu*, le 3e. avec *il*, le 4e. avec *nous*, le 5e. avec *vous*, et le 6e. avec *elles*. — Exemples :

Futur simple de essayer, boire, être, rire, venir, voir : j'essaierai, tu boiras, il sera, nous rirons, vous viendrez, elles verront.

1. *Indicatif présent;* — 2. *imparfait;* — 3. *passé défini;* — 4. *passé indéfini;* 5. *passé antérieur;* — 6. *plus-que-parfait indicatif;* — 7. *futur simple;* — 8. *futur antérieur.*

160e. — 1. Acquérir, coudoyer, entr'ouvrir, rejoindre, être, requérir.
4. Rejoindre, confire, apercevoir, ouvrir, valoir, pourvoir.
2. Feindre, aller, résoudre, voir, crier, assaillir.
6. Croire, prévoir, faillir, dire, coudre, étreindre.
1. Vouloir, s'asseoir, moudre, se souvenir, contredire, éclore.

161e. — 3. Contraindre, parvenir, employer, plaindre, apercevoir, aller.
5. Prédire, battre, pouvoir, soudoyer, éteindre, mouvoir.
7. Combattre, broyer, rasseoir, jouer, cueillir, poindre.
8. Comprendre, craindre, offrir, remoudre, savoir, adjoindre.
1. Revêtir, aller, échoir, s'asseoir, éteindre, revêtir.

1. *Indicatif présent;* — 9. *Conditionnel présent;* — 10. *conditionnel passé;* — 11. *on dit aussi :* — 12. *impératif;* — 13. *subjonctif présent;* — 14. *imparfait,* — 15. *passé;* — 16. *plus-que-parfait.*

162e. — 9. Achever, savoir, aboyer, débattre, envoyer, recacheter.
1. Eteindre, pressentir, messeoir, absoudre, exclure, croire.
10. Feindre, asseoir, acquérir, entr'ouvrir, déchoir, contraindre.
11. Combattre, dire, voir, résoudre, apercevoir, rejoindre.
12. Etre, avoir, satisfaire. = Haïr, éteindre, défaire.

163e. — 13. Ennuyer, plaindre, venir, tuer, revenir, espérer.
15. Ecrire, prendre, pleuvoir, soustraire, partir, tordre.
14. Etreindre, apprendre, parvenir, contraindre, faire, retordre.
16. Savoir, naître, venir, offrir, absoudre, convaincre.
12. Mourir, moudre, coudre. = Résoudre, maugréer, s'enquérir.

1. *Indicatif présent;* — 2. *imparfait;* 3. *passé défini;* — 7. *futur simple;* — 9. *conditionnel présent;* — 12. *impératif;* — 13. *subjonctif présent;* — 14. *imparfait.*

164e. — 1. Revenir, être, bouillir, naître, redire, seoir.
2. Emouvoir, émoudre, oindre, suer, croire, gésir.
3. Cueillir, émouvoir, écrire, comprendre, accourir, vaincre.

7. Mourir, aller, échoir, acquérir, valoir, éclore.
13. Aller, pouvoir, bouillir, atteler, s'asseoir, espérer.
165e.— 9. Niveler, renvoyer, éteindre, ennuyer, mouvoir, échoir.
12. Avoir, croître, savoir. = Acheter, permettre, vouloir.
13. Craindre, atteler, acquérir, résoudre, faire, rire.
14. Ennuyer, moudre, sortir, mourir, permettre, acquérir.
12. 2e *pers. du sing. seulement* : Aller, vaincre, récréer.

EXERCICES DE RÉCAPITULATION
SUR LES NOMS, LES ADJECTIFS, LES PRONOMS ET LES VERBES.
(Gramm. Nos. 29 à 227.)

Les élèves corrigeront les fautes, conformément aux règles.

166e. — Ma cousine Honorine a une voix harmonieu..., enchant.... Ta sœur cadette se marie. Sera-t-elle heureu..? Elle a de beaux yeux bleu. Cette bonne mère chérit ses enfant ; elle épie leurs désir ; elle les aimes tendrement. Mon ami, tu seras estimé, si tu travaille ; sois respectueux, aie de la complaisance. Léontine et Laurette sont rentrées inquiète ; elles serait contentes et satisfaite de savoir où tu est.

167e. — Philadelphe joue bien, il étudie mal. Tu ne sais pas les ruses effronté qu'il emploie pour faire ses devoir ; il les copies sur ceux de ses camarades. Il hue les passant ; il jettes des cailloux dans les ormeau et sur les chevaux qui passe dans les chemins vicinaux. Les sapajous plaise ; les genou plient. Léopold chancelle dans les entreprises qu'il projettent.

168e. — Rodolphine gémit de la conduite scandaleuse que tu tient ; elle avoue qu'elle t'aime, revien de ton erreur. Tu l'inviteras à venir, et tu la priera de rester à la fête patronal. Ma cher amie, tu es restée coite dans ta petite chambre, tu as bien fait. N'est-tu pas la favorite de ta maîtresse ? Nous vous voyions, tandis que vous *criez* au secours.

169e. Louis étudie la grammaire grec ; il sait déjà la langue latine. Tu voyageas dans les pays méridionaux ; en rapporta-tu des choses curieuses ? Ces chevaux mue ; ils mueront encore plus au printemps. Tu coudoies ton ami ; convient que tu as tort. Tu veux me tromper ; mais je t'épie et je te surprendrai. Tu m'initias dans ces sciences secrètes, et je les connu. Je tues des perdreaux, tu en turas toi-même.

170e. — Je combattrai tes rivaux ; tu vaincras les miens. Achètes mes joujoux : ils sont beaux et nouveau. Vous protégeâtes les veuves et les orphelines, vous fîtes bien. Ces maréch... ne forgeaient que des essieux. Les soldats ravageaient les châteaux, par où les généraux les forçait de passer. Nous *glorifions* le nom du Seigneur, lorsque vous riiez à gorge déployé.

171ᵉ. — Tu vis les enfants de ta sœur aînée ; tu les caressa ; tu leur donnas des images dorées. Vous vous tutoyiez à l'école normale ; pourquoi ne vous tutoyeriez-vous plus aujourd'hui ? Je m'aperçoit que l'œil du maître nous aperçoit ; l'aperçoit-tu ? Tu bois les liqueurs spiritueuses que je vend ; tu te fais mal. Ce chien aboie ; il mord les voyageurs, tue-le, il n'aboyera plus, et il ne mordera plus.

172ᵉ. — Je vous paie d'avance, afin que vous défrayiez mes domestique. Je t'envoye ces soliveaux, pour que tu étaie la vieille poutre qui plie, et dont le mauvais état effraie tous ceux qui la voit. Ces eaux bourbeuse ce clarifieront. Dieu veut que les enfants honorent, estime, respecte les auteurs de leurs jours. Je joint mes ferventes prières aux siennes ; joins-y les tiennes aussi.

173ᵉ. — Ces généraux pacifiront leur pays ; pacifierez-vous le votre ? Mon fils, je crain… le Seigneur ; crain…-le toi-même, et plains ceux qui ne le craigne… pas. Satisfaites aux obligations nombreuses que vous contractate. Ne contredisez donc pas vos amis, comme vous le faite. Tu cèdes à mes vœux, parce que tu sais que nous céderon… aux tiens. Chéris et bénis ta mère qui est veuve ; aimes et soutiens ton frère.

174ᵉ. — Ri si tu veu…, mais suis mes conseils amicals. Il faudrait que tu apprisse mieux tes leçons, pour que tu les repétasses bien. Fait des effort pour que j'oublie tes faute passée ; avoue que tu as manqué, et que tu t'en repens. Désavoue les moyens immor… que tu employas, renie-les. Ses deux aïeul… paternels remplirent des places éminentes. Je jouai aux lotos, joues-y aussi.

175ᵉ. — Rejoins tes amis, suis-les. Nous agrérons vos loyaux hommages. Cette gentille fille se noye, cours la sauver et tu recevras une récompense flatteur. J'aperçus de beaux acajou dans les lieux où nous nous reposâmes. Je vous salue, Reine des Anges, vous êtes béni par dessus toutes les femmes ; le fruit de vos chastes et maternels entrailles, est bénit. Tu éternue sans cesse ; prend cette précieuse poudre et tu n'éternuras plus.

176ᵉ. — Li cette lettre tandis que je lierai les cordons de mes souliers. Relis ton devoir et tu t'apercevra que tu oublie quelque chose. Tu contraignis ta vertueuse et bénigne sœur à partir, par tes procédés brutal… ; tu la forças à quitter la maison paternel, et maintenant tu l'y rappelle !… Voudra-t-elle revenir ? Tu en doutes toi-même. J'oublie les grossières injures que tu m'adressas ; oublies *ceux* que tu reçus.

177°. — *Ses* filous crochètent adroitement ; ils crochetèrent mon secrétaire. Balaie la cuisine, nous nettoierons la salle. Si vous décriiez les conseillers municipaux, on vous décrieraient aussi. Nous suions sang et eau lorsque nous arrivâmes au débarcadère. Tu donnera des détail exact sur cet affreuse catastrophe. Crois-moi, mon ami, fuis les bal et les mauvaise société. Avoue tes torts, j'avourai les miens.

178°. — Sort et reviens au plus tôt. Nous achettâmes de jolis bambous que nous revendîmes fort cher. Les charrons fabrique des moyeu. Meurs, s'il le faut, mon fils, ne te plains pas ; ser... ta patrie, et sacrifie-lui ta vie. Je te renouvelles mes protestations amicales ; tu me renouvela les tiennes que je cru sincère. Ces propriétaires brutaux renouvelle leurs baux à la saint André. Nous payions notre écot tandis que vous vous *enfuyez ; j'espère* que vous paierez le vôtre plus tard.

179°. — Je turai des hiboux, qui sont des oiseaux nocturnes ; je te les enverrai et tu les pendras à ta porte cochère. Prend de l'eau bénite, et fais le signe de la croix. Remue-toi dans cet affaire épineuse, et tu ne la perdras pas. Nous broyons des couleurs vive ; vous en broyerez aussi. Nous les broyions tandis que vous déliiez les ballots d'almanachs, que vous expédière des libraires d'Amiens. Ces enfants parlait mal.

180°. — Quand je me rappelle les plaisantes aventures que tu me rappelas, je ri beaucoup. Nous nous *ennuyons* pendant que nous voyagions dans les contrées septentrional de l'Afrique française. Tu manges des pruneaux confits ; donnes-en à ta sœur qui les aimes beaucoup. Lorsque tu vas à la promenade sur les coteaux, tu déracines les plus belles plantes que tu trouve, tu les offre à ta bonne mère, et tu revien content de ton excursion matinale.

181°. — Alexandre, le mari de ta cousine germaine, te charga de ses affaires, et tu parvins à mériter sa confiance. On amoncelera des terreaux dans ces troux, et l'on nivellera les inégalités du sol. Jérôme, perçois mes rentes, et distribue-les aux familles les plus nécessiteuse de nos hameaux. Nous commençons à voir que nous essayerions en vain nos forces herculéennes. Je recachette la lettre oblongue que tu décachettas ; je la renvoie à la poste.

182°. — On appelle fleuve une rivière dont les eaux sont considérables et se jette directement dans la mer. Quoique ces jeunes gens ait des talents, ils ne réussissent à rien, ils végétent. L'année dernière, nous envoyons nos lettres par occasion, maintenant nous les envoyont par la poste. Vous n'employez plus aujourd'hui les matières que vous employez alors. Quand il vint nous faire ses adieux, nous pliions nos paquets. Il importe que vous expédiez vos marchandises bien empaquetée.

183e. — Ses jeu-là nous égaieront et nous récréerons. Crois-tu qu'on agré tes belles offres? Il faut que tu renvoies tes pièces immédiatement, afin que nous justifiions ta créance. Ce sont là des travaux qui récréent plus qu'ils ne fatigue. Tu déploieras toute la vigueur que réclame les circonstances. Vous haïssez le mensonge, dites-vous; je le haïs également. Anatole, tu interprète mal les choses que je te dis; tu me fais de la peine; je voudrais que tu les comprisse mieux.

184e. — Il faudrait que tu ne nous ennuyasse plus avec tes contes banal. Quand *acheveras*-tu tés travaux? Tu mis ta confiance en ces hommes partiaux; ils en abusère... étrangement. Aplanit ces terrain inégaux. Nous fîmes des repas frugals qui nous rassasière... Reviens de ton erreur, avoues que tu eus tort, et promets-nous que tu ne commettras plus de pareilles fautes. Adolphe, remets-moi les tableaux que ta mère te donnas; on dit que tu les perdis dans tes courses vagabondés.

185e. — Apprécie les maux que tu te crés lorsque tu soutiens le mensonge. J'achetterai des chevaux et d'autres bestiaux, tu loueras des terres productives, et nous créons une métairie. Nos gouvernants *relégueront* ces hommes déloyaux et originaux dans des province lointaine, d'où on ne les rappelleras jamais. Ces hommes jouisses d'une force herculéennes qui les ferait admirer dans les contrées européenne. Rosalie feignit d'être fâché, et je lui fis des reproches qui lui firent verser d'abondantes larmes.

186e. — Ces belles fleurs s'épanouisse dès que le soleil paraît. Dans notre promenade matinal, tu cueillera des végétaux, tu en feras des sirops pectoraux que tu distriburas aux pauvres. La nature ne cré pas tous les hommes égaux en facultés. Si tu dédis mon cousin, il ne te dédieras pas son livre. Nous devinions pourquoi vous riiez si fort : c'est parce que vous ne croyiez pas ce que l'on vous disaient. Assieds-toi, met la main à l'œuvre, couds tes boutons, et ne te contraries pas.

187e. — Vous niez la vérité, tandis que nous priions pour vous. Les Russes ravageaient nos belle provinces, et se partageait nos riches dépouilles. Efforcons-nous de devenir sages; ménageons les heures précieuses de la vie présente, et rappellons-nous que notre âme est immortelle. Vous me dites souvent que la France florissait sous Louis XIV; moi, je soutien... qu'elle était encore plus florissante sous Napoléon. Est-ce vrai que de votre temps les abricotiers fleurissai... au mois de février?

188e. — Les agneaux que tu élève sont beau. Nous rencontrâmes dernièrement les louveteaux que tu apprivoisa. Il est nécessaire que nous sachions si les princesses étrangères relaieront ici, afin que nous déployont tout notre luxe. Ces terres sont productive; plantez-y des graines recherché. Tu les cueilleras avec soin, est tu les enverras à Amiens, où tu les vendra cher. Joseph, tu projete l'entreprise que nous projetâmes; mes cousins l'avait déjà projetée. Cesse donc de t'amuser, mon cher ami.

189e. — Je tue les étourneaux que tu tiras hier et que tu manquas; tue-en d'autres. Il faut que je *crois* sincèrement à ta bonne foi pour que je te confie mes secrets, que je ne confierais à personne. Confis ces belles prunes, je confirai ces amandes. Paul, tu redis toujours les mêmes choses; apprend que tu nous ennuie. Les tours grammatica... que tu employas dans ta composition, me paraisse banal. Envoies-moi ton fils; si tu ne me l'envoies pas, il faudra que je t'envoie le mien.

190e. — Cet homme se revêt du manteau de l'hypocrisie; il se résoud à la mort cruelle que lui infligea la justice humaine. Je puis te nuire; ton frère le peut aussi, mais il ne le fera pas. Pourquoi lie-tu si mal les paquet que tu m'envoies? Je les relie tous. Li... ton livre; je relis ma grammaire française. Ne nie jamais la vérité, souviens-toi que tu paraîtras devant Dieu qui te jugeras selon tes bonnes ou tes mauvaises œuvres. Cette femme c'est perdue ici.

191e. — La victoire se balançait entre ces deux généreaux, lorsqu'une légion valeureuse s'élança sur l'ennemi et enfonçat son aile droite. Ne nous affligeons pas des maux que la Providence nous envoie. Je vais à la chasse aux perdreaux, vas-y aussi. Ces hommes libéraux ne prévoie pas les chagrins qu'ils se crée... Prends garde, ma fille, car dans les roses fleuri... que tu cueilleras, il se trouve des épines qui pourrait te causer de vives douleurs.

192e. — Nous nous vêtons modestement; vêtez-vous de même. Suisi ces moineaux, de peur qu'ils ne s'enfuies. Son action basse et grossière décele une âme corrompue et vile. Fais ton devoir, ne crains pas ce que peuvent dire les méchants. Dis bonjours à Louise, souris-lui; tu verras qu'elle sera contente. Les paresseux s'acquiert des reproches; acquiers-toi des éloges mérité. Les bons maître corrige les élèves quand ils le mérite. Jules et Louis travailles mal aujourd'hui.

193e. — Un père disait à son lit de mort : « Il faut que je meure, je le sais; mais auparavant, il faut que je *vois* mes enfants, que je les embrasses et que je leur donne ma bénédiction paternel. » Nos bourreaux nous garottèrent dans la crainte que nous ne nous enfuyons. Mon fils, je ne veux pas que tu te prévales des connaissances positives que tu acquiers ; si tu es homme, il ne te sied pas de mépriser tes semblables. Vous et votre frère étaient absents.

194e. — La grâce de Jésus-Christ renouvelle l'homme. Il plut hier ; je crois qu'il ne pleuvra pas aujourd'hui. Je résoudrai les questions que tu me proposas ; résout celles-ci qui sont moins ardues. Jamais les méchants ne prévaudraient sur les justes, si tous les hommes pensaient sainement. Ne me contredisez pas, car je haïs tous ceux qui se plaise à contredire tout le monde. Quand je vois de pareille gens, je conclu... que, ne pouvant rien dire de bien, ils se targuent de mépriser tout ce que dises leurs amis.

195e. — Si tu hante les enfants moraux et matina..., tu acquerras l'estime des hommes impartia... et loya... J'espère que tu suivras toujours une pareil conduite. Vainquons nos passions, et nous vivrons heureux. Nous nivellerons cette terre végétale et tourbeuse que tu nivelas ; pourquoi l'a-tu si mal nivelée ? Nous voyageâme dans les pays méridionaux et nous en rapportâmes des plantes médicinales. Les hommes mourrons la plupart comme ils auront vécu, avec leurs bonnes ou leurs mauvaises habitudes.

196e. — A cet époque, les amandiers fleurissait en mars. Je m'aperçoit que cette voix plaintive est très caduc. Eugène, combats à côté de ton frère, suit son exemple. J'agrée cette belle proposition ; je croi... que tu l'agréeras aussi. Ces petits bambins jettes des cailloux aux moineau qu'il voient voler. Il faudra que j'aille à Beauvais ; je prendrai un jours où je prévoirai qu'il ne pleuvra pas. Voit, pauvre étourdi, tous les maux que tu te crées. Tu maugré de ce que tes camarades ne vienne plus jouer avec toi.

197e. — Je crois qu'il faut que tes amis prennes des précautions pour réussir ; il le comprenne... eux-mêmes. Je songai cette nuit que je nageais dans une rivière profonde. Je t'envoi mon fils pour que tu l'instruise ; aies-en soin. N'émet pas d'opinions erroné ; ne te prévaut pas de tes aïeuls. Exclut de ta société les personnes calomniatrices. Je vous écris, afin que vous suppliez ma cousine de venir assister à nos offices patronals, et que vous vouliez bien lui faire oublier les reproches amicales que je lui fis dernièrement.

198e. — On ne délie... pas les liens conjugaux. Tu me fais rire avec tes phrases brefs et mystérieuses. Nous vous engageons à fuire les impies comme des peste public. Les factieux soudoie les hommes déloyaux ; mais nos soldats déployerons leur valeur accoutumée. Liez bien les gerbes de panelle, afin que nous ne les reliions pas. Ces chiens hargneux aboierait beaucoup plus fort, si vous vous effrayiez. Le chagrin et la joie se succède. Toi et ta sœur seront punis.

199e. — Quoique tes cousins t'ait manqué, ne leur en veu... pas. Je copirai ces exercices grammatic....., tu les copira aussi. Sois brave, meurs s'il le faut, mais vainc.... Réduit tes ennemis au silence, ris de leurs quolibets banal. Ne dis jamais que ce que tu sais avec certitude. Ces oiseau crie dans la nuit obscure; ils effraies les personnes peureu... Je pressens que le bon lot t'écherrat; est-tu de mon avis? Trais la vache noir, je trairai la vache grise. Mon fils, pliés plutôt, mais ne romp pas.

200e. — Emoud tes couteaux, tandis que je coudrai mes bas. Plus tard, on déblayera les terreaux que l'on amoncèle sur les chemins vicinaux; du moins ce sont les vœu des conseiller municipaux. Je te relèverai si tu chancelle... dans ta route tortueuse. Nous aliénerons nos héritages ruraux. Je vous léguerai, mon fils, une richesse bien plus précieuse que celles qu'on lègues aujourd'hui. La passion des jeux altères les bonnes mœurs. Ma fille et moi ont tressailli.

201e. — Je lourai de beaux chevaux; tu les attelleras à ma petite voiture couverte. Accentues les mots que tu écrit; orthographie-les bien. Mon ami, parcours les vastes prairies émaillé de fleurs qui ceigne Amiens; étudie les végétaux qui y croisse; côtoie les brillantes vallées qu'arrosent les eaux limpides et bienfaisante qui vienne.. se jeter dans la Somme. Joseph et Marie était justes et vertueux. Votre fils et vous furent délivrés comme par miracle.

202e. — Ces commis achèverons leurs travails (*rapports*) avec le préfet, avant qu'ils aille voir les débuts théâtral de nos nouvelles actrices. Tu iras *cherché* ta cousine, tu l'amèneras ici, tu lui feras voir tes petits agneau, tes joujous et tes robes neuves. Eloi, tu te justifieras auprès de tes juges impartia... Les maréchaux se serve de travails pour *ferré* les chevaux fougueux. Auguste, je te renverrai les madrigaux et les coutaux que tu m'adressa. Tu n'as plus de tabac, va en cherché.

203e. — Je vais tous les dimanches à la messe paroissiale; vas-y aussi. Nos troupes valeureuses assaillirons ces châteaux-forts; elles les prendront. Cet marmite bout; éteins le feu, elle ne bouillira plus. Ces collatéraux recueilleront la fortune colossale de leurs vieilles tantes. L'homme qui sait dompter *ces* passions, s'acquier... un mérite infini aux yeux de Dieu. J'accourt de peur que vous ne vous ennuyez. Va trouvé ma sœur. Emile et Anaïs travaille bien.

204e. — Je vêtirai ma robe violette lorsque tu viendras,

et je la dévêtirai quand tu t'en iras. C'est au printemps que les arbres se revête... de feuilles vertes, à moins qu'il ne vienne des gelées blanches. Je cueille des tulipes fleuri..., cueille-en aussi. Voilà des prunes ; offres-en à ta sœur. Sort mon fils, viens avec moi, fuis leurs armes meurtrières. Vêts-toi : tiens, voilà ton gilet. La gelée et la pluie a détruit nos récoltes. Voici nos livres, et voilà les leur.

205e. — Je parcourrai les vaux, les côtaux. Je bou... d'acquérire de nouvelles connaissances. Nous admirâmes de beaux cierges pascal. Nous vous envoyions des rameaux béni... lorsque vous nous priiez d'allé vous voir. Nous verront bientôt comment vous saurez vos leçons. Dans la plupart des jeux, le prix échoi... aux plus adroits. Je ne m'assiérai pas ici. Pourquoi ne vous asseyez-vous pas ? Cette nouvelle pièce ne vaudra rien. La Seine et la Loire coule en France.

206e. — Tu ne mouvras pas cet lourde pierres. Tu veux imité ton cousin, mais tu ne pourras y parvenire. Les beaux discours émeuve les auditeurs ; mais il faut que l'orateur saches ce plier aux circonstances. Nous pourvoiron... à tout, et tu verras que tu réussiras. Ne vous mouvez pas. Est-tu homme ? répond-moi. Cet forte maison décherrat bientôt de son ancienne renommée. Sem, Cham et Japhet était les enfants de Noé. L'orme et le peuplier s'élève fort haut.

207e. — Mon billet écherra à la Saint-Jean prochaine. Pour que tu puisses faire ta pièce, tu dois te levé matin. A ses mots, il s'assied, et sachant que je suis un homme d'honneur, il me raconte son histoire. Ces enfants ne suive pas l'exemple de leur père ; ils se perdront infailliblement. Résous cette question et absout tes camarades. Les blés que se moulin moud, ne donne pas une farine blanche. Tu crois que cet arbre ne croit plus, tu est dans l'erreur.

208e. — Les petits poulets écloron... dans quelque jours. Mon frère, écrit-moi souvent, car je m'ennuie. Apprend-moi si Jules et Louis sont nommer instituteurs communaux. Mes amis, ne faite ni ne dite aux autres ce que vous ne voudriez pas qu'ils vous fissent ni qu'ils vous dissent à vous-mêmes. Ses joueurs déloyaux se méprenne à chaque instant. Celui qui rit de son prochain, mérite qu'on rie de lui. Les chênes pousse lentement. Mon père et nous étaient indisposés.

209e. — Ces enfants comprennent les conseils que leur donne leurs maîtres. Si nous croyions que ces criminels ce fissent une loi de ne plus tué, qu'ils voulussent se soumettre aux lois, nous leurs ferions grâce. Vous nous donnâtes ces deux sommes, afin que nous soustrayons la première de la seconde. Je te convain... et je te convaincrai que le coupable n'es pas heureux. Souris, si tu veu..., de leurs contes banal, mais ne te permets pas de les redir.

210°. — Ce que l'on dit, fuit ; se que l'on écrit, reste. Je vain... mes rivaux, vain... les tien. L'étude de la langue française nous importent beaucoup ; si nous la négligeons, des désagréments sérieux en résulte pour nous dans l'avenir. Il neiga toute la soirée. Une foule de malheureux gisaient sur la paille pourri, infect. Les corniches de cette façade sailles trop. La plupart de ces victimes innocentes étaient issu de familles nobles. La violette et la rose embaume votre jardin.

211°. — Pourquoi ne secourûtes-vous pas c'est voyageurs qui défaillaient à vos yeux? Ci-gisent mes deux bonnes sœurs. Ces hommes se départent de leurs prétentions exagérées. Mes amis, répartissez cette somme entre les familles les plus nécessiteuses. Repartez au plus vite à votre poste. J'espère que tu ne nous abandonneras pas au besoin ; cependant tu faux souvent en voyage ; tes aïeux faillait aussi. Lorsque je vis ta vieille cousine, je m'aperçus que ces forces faillais sensiblement.

212°. — Le sang saillait de sa blessure avec impétuosité. Les tribunaux de première instance ressortent à leurs cours impériales respectives. Vous sortez et vous rentrez à tous moments. J'entend que cette clause sortisse ou ait son plein effet. Accourt le plus tôt que tu pourras, et enquier...toi de ta cousine. Ma chère fille, endors-toi dans mais bras. La paix et le bonheur fui... souvent la fortune. Vous et votre compagne ne vien.... jamais ici.

213°. — Prends garde de choir dans cette mare infect et bourbeuse. Veux donc, malheureux ! et tu te sauveras. Ces manières hautaines et insolentes ne vous siée pas. Une conduite légère messied à tous le monde. Les vagues de la mer en furie bruissait d'une manière effrayante. Les vents déchaîner bruissent dans les épaisses forêts. De la déposition des témoins, il appert que l'accusé n'est pas coupables. Ecoutes et retiens mes explications. Narbal et moi admirais la bonté de Dieu.

214°. — La justice surseoiera à l'exécution du jugement. J'ouïs des menaces infernales qui ne m'effrayèrent point. La plupart des fleurs éclose... au printemps. Autrefois on oignaient les athlètes pour la lutte. Je partirai dès que les premières lueurs du jour poindront. Ces deux ruisseaux sourdes des Vosges. Nos troupeaux paîtront dans ces contrées fraîches et délicieuses. Même dispute advint entre ces deux femmes, revendeuses sur le Marché-aux-Herbes.

215°. — Si l'on t'envoye chercher, vas-y de suite, car on enverrait une seconde fois. Si l'ennemi assaillait notre armée, nous mourrions plutôt que de fuire. En revêtant les pauvres, vous leurs rendrez service. Je veux savoir si les chevaux sont aussi bon que tu le dit. Un jeune enfant dans l'eau se laissa choire. Dieu sait bien se qu'il fait. Cette homme à disparu tout-à-coup. Le bien et le mal est opposé. Ma sœur et moi leur écriront la semaine prochaine.

DU PARTICIPE.
Le Participe présent.
(Gramm. Nos. 227 à 232.)

Les élèves laisseront invariables les participes présents, et feront accorder les adjectifs verbaux, en genre et en nombre.

216e. — Des bruits alarmant. Des bruits alarmant les esprits. Des enfants caressant. Des enfants caressant leur mère. Des paroles offensant la pudeur. Des paroles offensant. Une porte battant contre le mur. Une porte battant. Une posture suppliant. Des esclaves suppliant leurs maîtres. Des propos diffamant. Des propos diffamant la vertu.

217e. — Des eaux dissolvant. Des eaux dissolvant le fer. Une farce divertissant. Une farce divertissant les spectateurs. Une jeune fille éblouissant de blancheur. Une lumière éblouissant la vue. Une boisson échauffant. Une boisson échauffant la poitrine. Des discours édifiant. Des discours édifiant les auditeurs.

218e. — Des menaces effrayant. Des menaces effrayant les gens timides. La qualité endormant de l'opium. Des discours endormant les auditeurs. Une personne peu endurant. Une personne endurant des affronts. Des liqueurs enivrant. Des liqueurs enivrant les buveurs. Des filles aimant. Des filles aimant leurs parents.

219e. — Les feux tropicaux brûlant nos campagnes, sont des feux bien brûlant. Votre sœur est une personne accommodant; nous la voyons toujours empressée et accommodant les affaires les plus épineuses. Elle inspire le plus tendre intérêt : on la voit si souffrant, si prévenant, si touchant et si peu tourmentant.

220e. — Cette réflexion, embarrassant notre homme, le rendit pensif. C'est une question embarrassant pour un élève. Toutes sont donc de même trempe, mais agissant diversement. Éléonore et Lucie sont des personnes peu agissant. Les Français pillèrent des vaisseaux appartenant aux Anglais. Un bois avec les terres appartenant.

221e. — Je croyais voir des vipères rampant autour de moi. Ces hommes sont aussi rampant qu'ils ont été hautains.

EXERCICES ORTHOGRAPHIQUES. 51

Les plantes sont devenues pour moi créatures vivant. Ces peuples, vivant au milieu des bois, sont à demi-sauvages. Nous vîmes nos voyageurs approchant du sommet de la montagne. Voilà une étoffe approchant de la nôtre.

222e. — Il obtint la main de cette fille, descendant d'un père illustre. Les Maures, descendant de leurs montagnes, ravagèrent l'Afrique. Ces sphères, roulant dans l'espace, semblent y ralentir leur cours. Les chars roulant gémissent sous leurs verts fardeaux. Cette femme indépendante sait bien se respecter. Une femme, dépendant d'un mari, ne peut contracter sans son autorisation.

223e. — On voit la tendre rosée dégouttant des feuilles. Il cueille ces feuilles noires et dégoûtant. Vois la sueur ruisselant sur son visage. Vois sa figure ruisselant de sueur. On y mit des cordes pendant jusqu'à terre. Que font là tes bras pendant à tes côtés? Ces pauvres femmes allaient pleurant, gémissant. Elles emportaient dans leurs bras leurs enfants suppliant.

224e. — Ma sœur était pleurant, inconsolable. Nous entendîmes les bombes éclatant avec fracas. Vois-tu la belle Zélie éclatant d'attraits? On voyait les cidres bouillant dans les cuves. Bouillant d'impatience, nos héros brûlent de se montrer. Ces lettres, circulant dans la ville, ternirent la réputation de ce magistrat. La France était d'un sixième plus riche en espèces circulant.

225e. — Vous vîtes les bergers et les bergères dansant sous les ormeaux. On peignait les Grâces dansant, et se tenant par la main. Connais-tu les tenant de cette propriété? Voilà une personne existant aux dépens d'autrui. Les savants se trompent en croyant la matière existant par elle-même. Ces hommes sont de vrais croyant. Les périls menaçant de nous atteindre, s'évanouirent bientôt.

226e. — Son accueil était dur, ses paroles menaçant. C'est une race pensant, avide de connaître. C'est une personne pensant d'une manière judicieuse. Les pampres voltigeant s'unissent au lierre. Les ris, voltigeant dans les airs, écartent la foule profane. Entendez-vous la foudre grondant sur nos têtes? Le commerce a ses ports contre les vents grondant.

227e. — Nous rencontrâmes des dandys fumant dans la rue. Ils avaient les cheveux fumant de sueur. Ayez pitié des misères qui accablent les hommes vivant dans le monde. Ces deux garçons sont les vivant portraits de leur mère. On voit des jeunes gens veillant la nuit et dormant le jour. C'est une eau courant. Ce sont des châssis dormant. Je vis ces hommes buvant à table. Les cabarets sont pleins de chantres buvant.

228e. — On entendait des clameurs retentissant par intervalle. Des paroles retentissant. Voyez ces ombres fuyant, dans ces jolis tableaux. Les chiens poursuivent les bêtes fauves fuyant à travers les bois. Une eau blanchissant le teint. La rive au loin blanchissant d'écume. Dans vos tableaux, rendez vivant et parlant, les personnages que vous peignez.

Du Participe passé.

PARTICIPE PASSÉ SANS AUXILIAIRE, OU ACCOMPAGNÉ DU VERBE ÊTRE.

(Gramm. Nos, 232 à 236, et 237.)

Les élèves feront accorder les participes qui doivent prendre l'accord, et par conséquent corrigeront les fautes, conformément aux règles.

229e. — Une femme respecté, aimé et honoré. Des hommes instruit et considéré. Que de remparts détruits ! que de villes forcé ! Les ennemis vaincu. Les robes fait. Les occupations interrompu. Les portes ouvert. Ces institutions ont été recréé. Vos excuses sont agréé. Leurs baux étaient expiré.

230e. — La rose et la tulipe épanoui. Que seraient devenu tant de belles propositions ? C'est à ce précepteur qu'est confié mon éducation. Sa tête est appuyé dans ses mains, ses regards sont attaché à la terre. Aux branches du palmier sont suspendu des trophées et des armes ; au tronc sont attaché sa cuirasse et son armure.

231e. — Forcé de quitter les marais et les rivières gelé, les hérons se tiennent sur les ruisseaux. Les hommes passent comme les fleurs qui, épanoui le matin, le soir sont flétri et foulé aux pieds. Au bas de la côte est situé sa cabane. Que de vieilles coutumes ont été aboli !

232e. — Quand il vit l'urne où étaient renfermé les cendres chéri de son frère, il pleura amèrement. La justice et l'humanité ont toujours été honoré par les nations les moins civilisé. C'est là que seront entendu, compris et jugé les moindres pensées. L'Espagne est presque toujours déchiré par des guerres intestines, soutenu par l'ambition.

233e. — Les Thuringiens battu, leurs moissons pillé et leurs maisons réduit en cendres : tels furent les actes auxquels se livrèrent les Saxons. L'armée russe étant dispersé, son camp pillé, ses bagages enlevé, ses munitions pris, les Français sont resté triomphants. Convaincu de leur infériorité, les ennemis se retirèrent. Où sont les glaives suspendu qui doivent frapper les criminels ? Saisi de frayeur, Rose est tombé faible.

234e. — Ces peuples, autrefois craint et respecté de leurs voisins, instruit dans toutes les sciences connu, estimé des nations éloigné, n'ont plus la réputation mérité dont ils jouissaient alors. Que de batailles gagné, de provinces conquis! Cette romance, chanté avec accompagnement, fut applaudi et admiré. C'est des Grecs et des Romains que nous sont venu les lumières.

PARTICIPE PASSÉ ACCOMPAGNÉ DU VERBE AVOIR.
(Gramm. N°s. 236 à 240.)

Les élèves feront accorder les participes qui doivent prendre l'accord, et par conséquent corrigeront les fautes, conformément aux règles.

235e. — La romance que ta sœur a chanté, est celle dont tu m'as parlé. Les nombreux ennemis que Charles-Martel a battu, les bataillons épais qu'il a écrasé, les armées aguerries qu'il a détruit, les dangers qu'il a bravé, les difficultés qu'il a vaincu, tout démontre en lui un génie qui grandissait avec les obstacles.

236e. — J'ai vu vos cousines, je leur ai demandé des nouvelles de leur voyage. Elles m'ont dit qu'elles avaient essuyé des fatigues, mais éprouvé des plaisirs dans les belles contrées qu'elles ont parcouru. Que de connaissances elles ont acquis! Que de justes observations elles ont fait! et quelle belle description elles ont donné des sites pittoresques qui ont frappé leur imagination !

237e. — Mes chers amis, nous vous avons écrit, et vous ne nous avez pas répondu. Léopold et Léon ont chassé; ils ont tué plusieurs perdreaux, qu'ils nous ont envoyé. Que de familles n'a-t-il pas consolé ! Les graines de fleurs que j'ai semé dans mon jardin, n'ont pas levé.

238e. — Les secrets que j'avais confié à mon frère, ont transpiré dans le public. Ainsi ont raisonné des hommes que des siècles de fanatisme avaient rendu puissants. Dieu nous a fait justes. Le long usage des plaisirs les leur a rendu inutiles. La fortune qu'a laissé ce bon vieillard, et qu'ont hérité ses collatéraux, était immense.

239e. — Que de pleurs j'ai versé dans les longues nuits que j'ai passé sans fermer la paupière ! Le jeu et la danse que votre fille a toujours aimé, ont beaucoup nui aux progrès qu'elle aurait fait dans l'étude des sciences qu'on lui a enseigné. Les brebis ont bêlé; les chiens ont aboyé, et les chevaux ont henni.

240e. — Le mérite de son style tient aux progrès qu'a fait la société en France. Où sont les fleurs que vous a offert votre frère? Voilà les arbres qu'a frappé la foudre. Cette femme avait deux filles; elle les a fait religieuses. Ces soldats arrivèrent par des chemins qu'on avait cru impraticables jusqu'ici.

241e. — Que d'illustres conquérants que personne n'a célébré ! On les a plaint de n'avoir eu ni peintres ni poètes.

Autant de lois ils ont fait, autant de sources de prospérité ils ont ouvert. La froideur que nous avaient témoigné nos cousines, a déconcerté nos vues. Elle a lu attentivement.

DE LA PRÉPOSITION.

(Gramm. Nos. 240 à 245.)

L'élève est prié de souligner les prépositions et les locutions prépositives dans les phrases suivantes.

242e. — A mon âge, vous réfléchirez. Nous travaillons pour vous. Ces hommes ont beaucoup d'esprit. Tout change avec le temps. Ecrivez les injures sur le sable et les bienfaits sur l'airain. L'homme peut choisir entre le vice et la vertu. L'ennui est entré dans le monde par la paresse. A force de forger, on devient forgeron. Nous sommes tous sous les yeux de Dieu. Je vous ai connu dès votre enfance. Cette femme est bien près de la mort. Qu'est la mémoire sans l'intelligence ?

243e. — Il faut être respectueux envers ses supérieurs, et se conduire selon la loi divine. J'irai bientôt chez vous ; j'y pense depuis plusieurs jours. Le génie et la vertu marchent à travers les obstacles. En été, les feuilles des arbres nous protégent contre la chaleur. La terre tourne sur elle-même et autour du soleil. Ce n'est point parmi les grands que se trouve la félicité. La conscience nous avertit avant de nous punir. L'aiguille aimantée se tourne vers le nord. Tout est perdu, hormis l'honneur.

DE L'ADVERBE.

(Gramm. Nos. 245 à 256.)

Souligner les adverbes et les locutions adverbiales dans les phrases suivantes.

244e. — Dieu est souverainement bon. Il faut toujours agir avec franchise. Nous irons demain chez vous. Tout-à-coup un bruit se fit entendre au loin. Il vaut mieux se taire que de parler mal-à-propos. Protégez hautement la vertu malheureuse. Anaïs court beaucoup et travaille peu. Mon ami, employez bien votre temps, et ne manquez pas à vos promesses. Nous devons honorer la science partout où elle se trouve. Votre mère a plus d'expérience que vous. Les graines furent disséminées çà et là. Les vrais amis sont fort rares.

245e. — Aujourd'hui vous avez mieux travaillé qu'hier. La foudre tombe souvent sur les hauts édifices ou sur les grands arbres. L'ambition n'est jamais satisfaite. Venez ici, j'irai là. Auparavant, rangez vos affaires, qui se trouvent pêle-mêle et sens dessus dessous. Mon enfant est très-studieux, il est aussi fort modeste; vous le verrez bientôt. Enfin, nous voilà arrivés. Travaillez d'abord, vous jouerez ensuite. Rarement un valet dit du bien de son maître. Ne parle ni trop bas ni trop haut, et réponds poliment désormais.

DE LA CONJONCTION.
(Gramm. Nos. 256 à 262.)
L'élève soulignera les conjonctions et les locutions conjonctives dans les phrases suivantes.

246e. — Fais l'aumône aux pauvres, puisque tu le peux. Je pense, donc Dieu existe; car la pensée chez l'homme prouve l'existence de Dieu. Il y a trois personnes divines, savoir : le Père, le Fils et le Saint-Esprit. Quand on connaît sa faute, on manque doublement. La prospérité, de même que l'infortune, éprouve le caractère. Un ami véritable est comme un autre soi-même. Le fer est plus utile que l'or. Evitez l'oisiveté, parce qu'elle est la mère de tous les vices. Les oiseaux du ciel ne sèment ni ne moissonnent.

247e. — J'ignore si vous travaillez ici. Le vent est froid ou chaud, selon qu'il vient du nord ou du sud. Elles sont riches, mais avares. Lorsqu'on est jeune, on manque souvent d'expérience. Votre père est bon : ainsi ayez confiance en lui. Messieurs, quoique vous soyez instruits, soyez modestes. L'amitié est détruite dès que l'estime est perdue. Je l'ai bien élevé; cependant il m'abandonne. La fortune, soit bonne, soit mauvaise, ne put jamais l'abattre. Pendant que Samson dormait, Dalila lui coupa les cheveux. Il faut étudier pour s'instruire; toutefois l'esprit a besoin de repos.

DE L'INTERJECTION.
(Gramm. Nos. 262 à 267.)
Les élèves sont priés de souligner les interjections dans les phrases suivantes.

248e. — Oh! qu'il est cruel de vivre sans espoir! Hélas! nous sommes tous malades ici. Eh! qui n'a pas pleuré quelque perte cruelle? O cendres d'un enfant chéri! que vais-je devenir? Fi donc! cela est inconvenant. Chut! taisez-vous. Holà! qui frappe ici? Ah! que la vertu a de charmes! Hé bien! vous ne répondez pas? Aïe! je souffre la mort. Silence! mon ami, on doit se taire en classe. Ha! vous voilà! Hé! jeune homme, venez-vous pour me faire de la peine? Allons! de la bonne volonté.

SECONDE PARTIE.

DU NOM.
Des Noms à double genre.
(Gramm. Nº 267 à 283.)

Les élèves compléteront, s'il y a lieu, et conformément aux règles, les mots commencés, suivis de quelques points.

249ᵉ. — Ces enfants sont de *bon...* aides de cuisine. Votre tante est *un...* aide *assuré...* pour les pauvres. Que de victoires n'ont pas remportées les aigles *impéria...*! Les aigles *romain...* étaient d'or ou d'argent. *Cet...* aigle *noir...* a un vol bien hardi. M. X*** est *un...* aigle en finances.

250ᵉ. — Dieu fait un précepte de l'amour *filial...*, il n'en fait point de l'amour *paternel...* Les plantes ont aussi des amours *orageu...* Des amours *insensé...* perdirent ce jeune poète. C'est *un...* bien *grand...* délice que de contribuer au bonheur des autres. L'amour *divin...* est la source des vertus.

251ᵉ. — *Un...* couple de pigeons ne sont pas suffisants pour le dîner de six personnes. Mes enfants font mes plus *cher...* délices. *Un...* couple de pigeons suffit pour peupler une volière. Il a mangé *un...* couple d'œufs à son déjeûner. Voilà *un...* couple bien assorti. Cet orgue est *harmonieu...* Ces—.

252ᵉ. — Rosa est *un... charmant...* enfant très-*compatissant...* Nos chantres ont chanté des hymnes bien *mesuré...* Suivez les *bon...* exemples que vous ont *donné...* vos parents. Ce poète a composé *un... bel...* hymne en l'honneur du héros. L'aigle (femelle) est *furieu...* quand on lui ravit ses aiglons.

253ᵉ. — Les soldats chantaient en chœur *un...* hymne *national...* Imitez les beaux (ou les *belles*) exemples d'écriture cursive de vos maîtres. Nous avons admiré *l...* premier..., *l...* second... œuvre de Rossini, de Grétry. Il avait avec lui trois de ses gardes, bien *déterminé...* à le défendre. L'office a été *long...* aujourd'hui.

254ᵉ. — Nous avons récolté cette année des orges très-*grand...* On offrit à la princesse *u...* garde d'honneur. Voilà de *fin...* gens, d'*heureu...* gens. Les gens *paresseu...* passent leur vie comme les animaux. Les jeunes gens sont *léger...* Les gens fourbes ne sont pas *cru... Tou...* les gens, ou du moins *tou...* les honnêtes gens agiraient ainsi.

255ᵉ. — Les *vie...* gens sont *soupçonneu...* J'ai lu les œuvres *choisi...* de Racine. C'est *u... bon...* œuvre de soulager son prochain. J'irai vous voir à Pâques *fleuri...* Nous avons acheté de l'orge *mondé...*, de l'orge *perlé...* Tout fidèle doit faire de *bon...* Pâques. *L...* foudre sillonne les nues.

256e. — Les *premier*... orgues que l'on a *vu*... en France, furent *apporté*... par les ambassadeurs de Constantin Copronyme, qui les ont *offert*... au roi Pépin. Pâque sera *tardi*... cette année. Je vous assure que personne n'est plus *courageu*... que lui. Cette personne est bien *méchant*...

257e. — Le soleil fait *son* (ou *sa*) période en trois cent soixante-cinq jours et près de six heures. Nous avons vu bien des sots ; mais aussi nous avons rencontré des personnes *instruit*... La fièvre quarte et toutes les autres fièvres intermittentes ont leurs périodes *réglé*... *Cet*... office est *spacieu*... et bien *meublé*...

258e. — Charles-Quint, respirant à peine au fond de son cercueil, n'entendait que l'office des morts lentement *psalmodié*... Les prières ferventes apaisent Dieu et lui arrachent *l*... foudre des mains. Comment ! des animaux qui tremblent devant moi ! Je suis donc *u*... foudre de guerre ?

Du Nombre dans quelques Noms.
(Gramm. Nos. 283 à 287.)

Tous les noms en italique, dans les phrases suivantes, sont écrits invariables. L'élève ajoutera une s ou un x à ceux d'entre eux que l'usage fait varier.

259e. — Les deux *Rousseau* se sont illustrés par leurs ouvrages. Les *Néron* et les *Robespierre* ont été des monstres à face humaine. Les trois *Dupin* sont nés en France. Tous les généraux ne sont pas des *César*, des *Scipion* ou des *Napoléon*.

260e. — Les *Racine*, les *Corneille* et les *Voltaire* ont été les *Sophocle*, les *Euripide* et les *Eschyle* de leur siècle. L'intérêt fait naître des *Caïn*. La France a eu ses *Caton*, ses *Pompée*, ses *Homère*. Les deux *Sénèque* sont nés en Espagne.

261e. — Avec vos *car*, vos *si*, vos *on dit*, vos *pourquoi*, vous avez le talent de nous ennuyer. Les *quand*, les *qui*, les *quoi* pleuvent de tous côtés. Plusieurs *peu* font un beaucoup. On chantait des *Te Deum* après toutes les victoires. Ecrivez deux *zéro* à la suite du nombre.

262e. — Des femmes du peuple récitaient des *Pater*, des *Ave* et des *Credo*. Votre fortune ne suffirait pas pour combler ces *déficit*. Les *opéra* de Boyeldieu valurent des *bravo* à leur auteur. Vous oubliez toujours de lire les *post-scriptum*. Ces écoliers méritent des *pensum*.

263e. — Placez des *errata* à la fin de vos livres. Les *trio* et les *quatuor* de ce musicien sont admirés. Bien des gens débitent des *impromptu* faits à loisir. Les concerts de ce compositeur sont remarquables par les *solo*. Nous avons vu des *quiproquo*, des *alibi* et des *aparté*.

264e. — Des *numéro*, des *alinéa*, des *jubé*, des *placet*, des *quolibet*, des *récépissé* et des *album* prennent-ils une s ou non au pluriel? On lui a fait de magnifiques funérailles. Nous avons été à la messe, à *vêpre*, à *complie* et à *matine*. Cet homme a beaucoup de bile (ou *biles*).

265e. — Mes amis, conservez vos santés (ou *votre santé*). Cette perdrix se perdit dans les broussailles. Gresset est l'ancêtre (ou *l'un des ancêtres*) de mon ami. Ce sont les premiers (ou *les premières*) pleurs qui coulent de ses yeux. La paresse donne entrée à tous les vices. L'or est le plus précieux de tous les métaux.

Des Noms composés.
(Gramm. Nos. 287 à 296.)

Les élèves écriront au singulier et au pluriel les noms composés de l'exercice suivant.

266e. —

Une belle-fille	des	des cure-dents	un
un ver-luisant	des	des Hôtels-Dieu	un
un chou-fleur	des	des tête-à-tête	un
un aide-de-camp	des	des appuis-main	un
un arc-en-ciel	des	les arrière-saisons	l'
une grand'mère	des	des essuie-mains	un
une basse-cour	des	des pour-boire	un
un à-compte	des	des passe-partout	un
une avant-cour	des	les tire-bottes	le
un réveille-matin	des	les avant-propos	l'

Les élèves sont priés de corriger les fautes, conformément aux règles.

267e. — Vos belle-sœur sont parties. Les porte-manteau sont placés. Les préfets résident aux chef-lieu des départements. Les loup-cervier sont des quadrupèdes du genre des chats. Les petite-guerre sont des exercices à feu, imitant des combats.

268e. — Les tragédies de Cinna et d'Athalie sont des chef-d'œuvre. Les arc-en-ciel annoncent le retour du beau temps. J'ai acheté des cure-dent. Donnez-moi des essuie-main. Les vents sont les avant-coureur des tempêtes. Où sont vos serre-tête?

269e. — N'oubliez pas les pour-boire des conducteurs. Les contre-basse ne sont pas d'accord. Montrez-nous vos passe-port. Les sage-femme doivent agir prudemment. Ces hommes sont des va-nu-pied. Nous mangeâmes d'excellents vol-au-vent.

270e. — Vends-tu des tire-bouchon et des porte-mouchette? Les vice-roi gouvernent les vice-royauté. Trouverai-je des prie-dieu, des hausse-col et des cure-oreille? Les chat-huant et les chauve-souris sont de vilains animaux. De telles gens sont des boute-feu.

271e. — Ces chemins sont des coupe-gorge. Ces jeunes gens sont, les uns haute-taille, les autres basse-taille, ceux-ci haute-contre, ceux-là basse-contre. Les garde-champêtre rédigent des procès-verb... On voit peu de cerf-volant.

272e. — Savez-vous faire des bout-rimé? Ces contre-seing sont élégants. J'ai vu des haut-bord, des abat-jour et des appui-main. Les chou-fleur sont de bons légumes. Ces hommes sont des gagne-petit. Les pistolets sont d'excellents porte-respect.

Des Noms collectifs.
(Gramm. Nos. 296 à 299.)

Dans les phrases suivantes, l'élève choisira entre le singulier et le pluriel, conformément aux règles des numéros ci-dessus.

273e. — Cette société de savants a illustré (ou *ont illustré*) la patrie. La plupart des hommes se donne (ou *se donnent*) beaucoup de peine, et ne jouit (ou *ne jouissent*) pas de la vie. Nombre de personnes est mort (ou *sont mortes*) de faim cette année. Une foule de barbares attaqua (ou *attaquèrent*) l'empire romain.

274e. — Une infinité d'étoiles est invisible (ou *sont invisibles*). Il tomba une nuée de sauterelles qui désola (ou *désolèrent*) le pays. Cette secte de philosophes a pensé (ou *ont pensé*) ainsi. Ce peuple d'ignorants commet (ou *commettent*) bien des fautes. Trop de jeunes gens néglige (ou *négligent*) les mathématiques.

275e. — Peu de Français connaît (ou *connaissent*) l'histoire de leur pays. Beaucoup de poètes a célébré (ou *ont célébré*) la fourmi. La totalité des pays d'Afrique n'est (ou *ne sont*) pas encore exploré... Seigneur, tant de bontés a (ou *ont*) droit de me confondre. Une foule de canaux coupe (ou *coupent*) l'Egypte.

276e. — Un nombre infini d'oiseaux faisait (ou *faisaient*) résonner ces bocages de leurs doux chants. Une multitude d'animaux placés dans cette belle retraite par la main du Créateur, y répand (ou *répandent*) l'enchantement et la vie. Trop aime (ou *aiment*) le jeu parmi vous, mes enfants.

DE L'ARTICLE.
(Gramm. Nos. 299 à 304.)

Corriger les fautes, conformément aux règles.

277e. — Le torrent entraîne, par sa rapidité, les moissons, granges, étables et troupeaux. Cueillez les bons et les mauvais fruits. Le simple et le sublime La Fontaine est immortel. La bonté et la puissance de Dieu sont infinies. J'ai lu les quatorzième et quinzième siècles de Voltaire.

278ᵉ. — Ils connaissent peu de personnes ici. Je reconnais beaucoup de filles que vous m'avez montrées. Donnez-moi du vin, mon ami; mais ne me donnez pas du gâteau. Mon enfant, ta naissance t'impose de grands devoirs, et la religion te donne des beaux exemples à suivre.

279ᵉ. — Nous mangeons du bon pain, et nous buvons du bon cidre. Ne me donnez pas de la viande, j'aime mieux ne manger que du fromage. Aucun de vous ne m'a fait du mal, ni ne m'a dit des injures. Voilà de bon tabac. Buvez un coup de bière.

DE L'ADJECTIF.
Accord des Adjectifs qualificatifs.
(Gramm. Nᵒˢ. 63 à 66, et 304 à 312.)

Les élèves compléteront les mots commencés, en les mettant au genre et au nombre convenables.

280ᵉ. — *Soutenu.* Auguste gouverna Rome avec un tempérament, une douceur *soul...*

Espagnol. Je ne connais point de roman, point de comédie *espagn...* sans combats.

Étonnant. Pour réussir dans cette affaire, il faut un courage ou une prudence *étonn...*

Digne. Il a montré une réserve, une retenue *digne...* d'éloges.

281ᵉ. — *Long.* Quand on attend, un jour, une heure, un moment paraît (ou *paraissent*) bien *l...*

Attendu. Attend... vos raisons, nous nous rendons volontiers.

Compris. Je vous vendrai mes instruments aratoires, la cariole *compr...*

Compris. J'ai acheté toutes les terres, y *comp...* la maison.

Demi. La *demi*-heure vaut trente minutes, chacun le sait.

282ᵉ. — *Entendu.* Vos frères *entend...*, on se retira.

Demi. Nous ferons ce travail en deux heures et *demi.*

Franc. Vous enverrez *fr...* de port cette lettre à M. le Recteur.

Excepté. Tout le monde sera admis à la réunion, *except...* cette femme.

Ci-joint. Les billets *ci-joint...* proviennent de mon oncle.

Les élèves sont priés de remplacer les numéros par les adjectifs correspondants, dans les phrases qui suivent.

283ᵉ. — 1 *nu*; 2 *attendu*; 3 *excepté*; 4 *ouï*.

Les anciens Egyptiens allaient 1 pieds et tête 1. Des événements 2 sont moins sensibles. On joue tous les jours, les jeudis 3. On voit les sauvages aller 1 pieds, 1 jambes et tête 1.

4 les témoins, il appert que vous avez tort, et le tribunal vous condamne.

284ᵉ. — 1 *passé ;* 2 *ouï ;* 3 *entendu ;* 4 *supposé.*

1 dix heures, on n'entre plus ici. Les parties 2, la cour délibéra sur le champ. Une fois six heures 1, on fermera la porte. 3 les conclusions, il en résulte qu'ils ont raison. 4 ces motifs, en déduisez-vous qu'il soit dans son droit?

285ᵉ. — 1 *vu ;* 2 *supposé ;* 3 *entendu ;* 5 *feu.*

1 les raisons et allégations, vos frères furent renvoyés de la plainte. Leurs motifs 2, ils n'en sont pas moins coupables. Vos raisons 1 et 3, vous avez gagné votre procès. 5 ma mère voyait souvent la 5 reine, qui était sa protectrice.

Les élèves corrigeront les fautes, conformément aux règles.

286ᵉ. — Vous recevrez ci-inclus, ci-joint une lettre que m'a adressée mon frère. J'ai entendu sonner deux heures et plusieurs demi. Je vous adresse une lettre ci-joint, ci-inclus. Cette belle poire est trop mûre. Ces fleurs sentent bon (ou *bonnes*). Ils marchent vites (ou *vite*).

287ᵉ. — Nous vous annonçons des nouvelles sûres et certaines. Votre maison vaut dix mille francs net. On lui a coupé les cheveux trop court. Vous vous teniez ferme. Ce malheureux va les bras nu, les pieds nu et nu-tête. Nous avons fait baptiser ces enfants nouveau-né.

288ᵉ. — Vos lettres sont maintenant clair-semé. Légère et court-vêtu, elle allait à grands pas. Votre frère a eu une fille mort-né. Vous les hachez menu comme chair à pâté. Cette femme est une véritable franc-maçon. Les menteurs disent vrai quelquefois.

289ᵉ. — Henri IV fut assassiné à trois heures et demie du soir. Les demi-mesures sont funestes. Ces hommes sont tout-puissant. Cette fille est sourd-muet. Ces roses sont frais-cueilli, frais-éclos. Ces jeunes demoiselles chantent juste ; elles marchent droit (le *corps droit*).

Adjectifs déterminatifs.

(Gramm. Nos. 312 à 316.)

L'élève fera accorder les adjectifs variables avec les mots auxquels ils se rapportent, et corrigera les fautes de français, conformément aux règles des nᵒˢ. 314, 315 et 316.

290ᵉ. — Ce cheval coûte quatre cents francs, et celui-ci quatre cent quatre-vingts francs. Nous irons chercher trois cents bottes de paille et trois cents de foin, tous les vingts jours. On ne peut citer un roi de France qui ait vécu quatre-vingt ans. J'ai reçu cent douze lettres cette année.

291ᵉ. — Ma bonne femme, combien y a-t-il de cent d'œufs dans votre panier? Il y en a quatre cent. Ce brave général s'est trouvé à six-vingt combats. L'hospice des Quinze-Vingt fut fondé par Saint-Louis, roi de France.

292º. — Vous recevrez demain trois cent soixante francs ou trois cent quatre-vingt. Charlemagne fut couronné empereur d'Occident en l'an huit cent de notre ère. Etes-vous avancé dans votre lecture? Je suis à la page deux cent.

293º. — Ces exercices orthographiques ont été composés en l'an mil... huit cent quarante-six. Godefroi de Bouillon amenait soixante-dix mil... hommes de pied et douze mil... chevaliers couverts d'une armure complète.

294º. — Les mil... d'Angleterre sont un peu plus longs que les mil... d'Italie. La Genèse compte la naissance d'Abraham, de l'année deux mil... du monde. Mon ami, comptez sur moi, je tiendrai *ma* parole que je vous ai donnée.

295º. — Tout l'Univers a *ses* yeux sur vous. Le bain a renforcé *mes* jambes et fortifié *ma* poitrine. C'est la belle parole qu'il a toujours à *sa* bouche. Paris est superbe ; les étrangers admirent *ses* bâtiments. La bonté, la douceur, loin de s'opposer à la gloire, sont à la fois *sa* base et *son* ornement.

296º. — Quand on est dans un pays, il faut suivre *son* usage. Je ne connais aucun moyen de réussite. On n'a fait aucune funéraille à ce brave officier. Null... troupe... n'est (ou *ne sont*) comparable... à celle... de Napoléon. Nul... homme... n'est (ou *ne sont*) sans défaut.

297º. — Les Romains n'ont vaincu les Grecs que par les Grecs même. Vous retombez toujours dans les mêmes alarmes. Les animaux, les plantes, les légumes même étaient adorés en Égypte. Loin de fréquenter les méchants, nous devons même les éviter.

298º. — Quelque trésors que nous possédions, nous ne sommes jamais satisfaits. Quelque fût la force du lion, il se laissa vaincre par une mouche. Quelque puissants, quelque élevés que soient les rois, ils sont ce que nous sommes.

299º. — Quelque savants, quelque heureusement doués que nous soyons, nous ne devons pas en tirer vanité. Quelque soient vos talents, quelque soient vos vertus, vous n'obtiendrez pas encore la place que vous postulez. Il est revenu depuis quelque jours.

300º. — Quelque victoires qu'ait remportées Alexandre, quelque lauriers qu'il ait cueillis, quelque nations qu'il ait soumises, je le regarde comme un des fléaux du genre humain. Quelque superbes distinctions qu'obtiennent les hommes, ils ont tous une même origine.

301º. — Quelque soient ton culte et ta patrie, dors sous ma tente avec sécurité. L'étude de l'histoire est la plus nécessaire aux hommes, q... soi... leur âge et la carrière à laquelle ils se destinent. Un meurtre, q... en soit le prétexte ou l'objet, est toujours un forfait.

302e. — Tou... grands que sont les rois, que font-ils sans la justice? Tou... admirables, tou... étonnantes, tou... nombreuses qu'étaient les qualités de Charles XII, on ne peut s'empêcher de blâmer sa témérité. Donnez-moi une tou... autre récompense.

303e. — Tou... autre occupation, tou... autre place qu'un trône lui conviendrait mieux. Tou... les talents ne sont pas égaux. Tou... amitié n'est pas louable. Tou... affreuses, tou... horribles, tou... honteuses, tou... révoltantes que furent les cruautés de Tibère, elles n'égalèrent pas celles de Néron.

304e. — Tou... parfaits que sont les sages, ils ont encore bien des défauts. Tou... héroïque, tou... courageuse que fut Jeanne d'Arc; tou... attachée, tou... dévouée qu'elle se montra à Charles VII, ce prince ne songea pas à venger sa mort.

305e. — Elle était tou... brûlante d'amour pour la patrie. Tou... intègres, tou... habiles que fussent les généraux et les juges d'Athènes, l'exil était souvent leur récompense. Votre jument est tou... en sueur. Ces femmes étaient tou... yeux, tou... oreilles. Les Français sont tou... feu.

DU PRONOM.
(Gramm. Nos. 328 à 344.)

Mes amis, dans les exercices suivants, vous achèverez, s'il y a lieu, les mots commencés, écrits en italique.

306e. — Ces enfants sont venus me trouver; je *leur*... ai appris *leur*... leçons, et je *leur*... ai donné de sages conseils sur *leur*... études. Madame, êtes-vous maîtresse de cette maison? Oui, je *l*... suis. Êtes-vous la maîtresse de pension de ces enfants? Oui, je *l*... suis. Messieurs, êtes-vous chasseurs? Non, nous ne *l*... sommes pas.

307e. — Etes-vous les chasseurs africains que nous rencontrâmes hier? Oui, nous *l*... sommes. Les harmonies de la nature, si merveilleuses dans les grands objets, *l*... sont encore plus dans les petits. Vos filles sont-elles mariées? Elles *l*... sont. Tu es déjà mère? Non, je ne *l*... suis pas encore.

Les élèves choisiront, conformément aux règles, le mot ou l'expression convenable.

308e. — On doit se corriger de ses défauts, faire un retour sur soi-même (ou *lui-même*). Aimer le péché, c'est être ennemi de lui-même (ou *soi-même*). La vertu est aimable de soi (ou *d'elle*). L'homme de bien a de la pudeur, quand même il n'a que lui (ou *soi*) pour témoin. C'est pour vous que je travaille (ou *pour qui* je travaille).

309°. — Chacun songe à soi (ou *à lui*). La colère est aveugle, ne vous fiez pas à elle (ou *ne vous y fiez pas*). Promesses et serments, sot qui les tient, fou qui s'y fie (ou *qui se fie à eux*). Vous avez vu ma sœur, que pensez-vous d'elle? Ces fruits sont beaux, je veux en manger. C'est de vous de qui je parle (ou *que je parle*).

310°. — Ces affaires sont graves; j'y (ou *je leur*) donnerai tous mes soins. Cet homme aime le travail; il se livre à lui (ou *s'y livre*) avec assiduité. En épousant les intérêts d'autrui, nous ne devons pas épouser ses passions (ou *en épouser les passions*). C'est (ou *ce sont*) l'avarice et l'ambition qui troublent le monde.

Les chiffres, dans les exercices suivants, renvoient aux expressions ou mots, entre lesquels il faudra choisir.

311°. — 1. *C'est* ou *ce sont*; — 2. *ce fut* ou *ce furent*; — 3. *c'est eux* ou *ce sont eux*; — 4. *est-ce eux?* ou *sont-ce eux?* (*)
(1) le nombre des peuples et l'abondance des aliments qui font la force d'un royaume. (2) les Phéniciens qui inventèrent l'écriture. (1) vos soins, vos affections, (1) vous-mêmes qu'il faut donner. (4) qui ont écrit cette lettre? Oui, M., (3). — (1) nous qui avons traité ce sujet.

312°. — 5. *Est-ce?* ou *sont-ce?* — 6. *Sera-ce?* ou *seront-ce?* — 7. *serait-ce?* ou *seraient-ce?* — 8. *ce n'était* ou *ce n'étaient*; — 9. *s'intéresse* ou *m'intéresse*.

(5) les Français qui ont fait cela? (6) elles qui viendront avec nous? (7) elles qui viendraient avec nous? Le corps périt, et l'âme est immortelle; cependant on néglige celle-là (ou *celle-ci*), et tous les soins sont pour celui-ci (ou *celui-là*). (8) que festins, bals et concerts. Cet homme ne voit que moi qui (9) à lui.

313°. — 1. *a* ou *as*; — 2. *osâmes* ou *osèrent*; — 3. *a écrit* ou *avez écrit*; — 4. *me ferais* ou *se ferait*; — 5. *l'es* ou *s'est*.

Est-ce toi qui (1) parlé? Nous ne fûmes que deux qui (2) élever la voix. C'est vous qui (3) cette lettre. Ce n'est pas moi qui (4) prier. C'est toi qui (5) si bien distingué dans cette affaire, et qui l' (1) gagnée.

(*) Dans les phrases interrogatives, le verbe être ne se met au pluriel, devant une troisième personne plurielle, qu'à l'imparfait de l'indicatif et au conditionnel. Ainsi, il faut: *est-ce eux? sera-ce elles?* et non: *sont-ce eux? seront-ce elles?* Mais, de même qu'il est plus régulier de dire: Quand *ce seraient* les Romains; *ce n'étaient* que festins, bals et concerts, il est aussi préférable d'écrire: *étaient-ce* eux? *seraient-ce* elles? L'Académie emploie même *sont-ce?* devant un nom pluriel: *Sont-ce* les Anglais qui ont fait cela? — Quand le verbe être est suivi d'un complément indirect, on met toujours ce verbe au singulier, comme dans: *C'est* à ces messieurs que nous rendons hommage.

314º. — 6. *C'est* ou *ce sont* ; — 7. *ceci* ou *cela* ; — 8. *ont* ou *avons* ; — 9. *auquel* ou *à qui* ; — 10. *sur qui* ou *sur lequel* ; — 11. *font* ou *faisons.*

(6) nous trop souvent qui (11) notre malheur. Je n'aime pas (7), donnez-moi (7). (6) nous qui vous (8) élevés et qui vous (8) instruits. Les Lapons ont un gros chat noir (9) ils confient leurs secrets. Voici l'arbre (10) j'ai grimpé.

Les exercices suivants sont fautifs ; les élèves les écriront correctement.

315º. — Si j'avais des affaires à démêler, c'est en cet homme en qui je me confierais. Je ne vois que nous deux qui ont de telles plumes. Les deux rois firent chanter des te deum, chacun dans leur camp respectif.

316º. — Les abeilles, dans un lieu donné, bâtissent chacune sa cellule. Athènes, Lacédémone, Milet, avaient chacune son dialecte. Les seigneurs assemblèrent des troupes, chacun de leur côté. Dans un cimetière, on est égal après la mort.

317º. — On est heureux quand on est mère, et qu'on est adoré de ses enfants. Ma fille, on n'est vraiment aimé que lorsqu'on est aimable. On est heureux en ménage, quand on est bien uni. On se battit en désespéré de part et d'autre.

318º. — L'on écoute trop souvent la calomnie et on impose silence à la vérité. L'on doit vivre chaque jour comme si on devait mourir le soir. L'on estime la vie par-dessus tout, et l'on la prodigue comme si elle devait toujours durer. Ce qu'on comprend bien, s'énonce clairement.

DU VERBE.
Accord du Verbe avec son sujet.
(Gramm. Nos. 125 à 129, et 344 à 356.)

Les élèves complèteront les terminaisons, s'il y a lieu, et corrigeront les fautes d'après les règles.

319º. — Je ne *sai...* où je *sui...* Tu *serai...* encore employé, si tu l'*avai...* voulu. Dieu *envoya...* un Consolateur aux hommes. Aimer est un besoin de l'âme. Nous *inventon...* tous les jours de nouvelles modes. *Pratiqué* la vertu. Elles *sème* des roses sous tes pas.

320º. — Bel enfant ! tu *dor...* d'un sommeil paisible. O soleil ! tu *est* un rayon de la gloire de Dieu. Promettre et tenir est (ou *sont*) deux. Boire, jouer, manger, dormir, c'*étai...* leur unique occupation. Le rat et la souris *mord...* Ma mère et toi serez (ou *seront*) bientôt éconduits.

321º. — L'ivresse et la mollesse *abruti...* L'agneau et la brebis *pai...* Sa simplicité et sa bêtise me *confond...* J'ai gagé que cette dame et vous sont (ou *êtes*) de mon âge. Charles et toi *travail...* maintenant au dessin. Vous et votre frère *mérite...* d'être accueillis.

322ᵉ. — Narbal et moi *admirâ...* la bonté des dieux. Toi et nous sont (ou *sommes*) contents de notre sort. Votre sœur et moi *sont* nés le même jour. L'airain, le marbre et l'or *frappai...* Rome éblouie. La bravoure, l'intrépidité de Turenne *étonnai...* les plus braves.

Remplacer les tirets par les verbes au temps indiqué, au nombre et à la personne qui leur conviennent.

323ᵉ. — Etre, *passé indéf.* La bonté, la douceur du grand Henri — *célébré...* de mille louanges.

Trahir, *indic. présent.* Un seul mot, un soupir, un coup-d'œil nous —.

Faire, *indic. prés.* La faiblesse ou l'intrépidité nous — commettre bien des fautes.

Avoir, *futur simple.* C'est vous ou votre frère qui — le prix.

324ᵉ. — Etre, *cond. présent.* Votre oncle ou le mien — maire de la commune.

Venir, *cond. prés.* La douceur ou la violence en — à bout.

Pouvoir, *passé indéf.* Le bonheur ou la témérité — faire des héros (*).

Etre, *prés. indic.* Le temps ou la mort — nos remèdes. La force de l'âme, comme celle du corps, — le fruit de la tempérance.

325ᵉ. — Avoir, *prés. indic.* Le mérite des hommes, aussi bien que les fruits, — sa (ou *leur*) saison.

Durer, *prés. indic.* La beauté, ainsi que les plus belles fleurs, ne — qu'un moment.

Vouloir, *passé déf.* Rome et Carthage se *voyait* d'un œil jaloux ; l'une et l'autre — subjuguer la Sicile.

Pouvoir, *prés. indic.* Ni la force ni la contrainte ne — dompter le naturel du tigre.

Corriger les fautes.

326ᵉ. — L'un et l'autre vous était parvenu. Ce ne sera ni ma sœur ni la tienne qui sera nommée abbesse de ce couvent ; ni l'une ni l'autre ne peut prétendre à cette place. Ni mon frère ni mon oncle ne sera nommé Recteur ou Préfet du département. C'est ses plaisirs et sa gloire.

327ᵉ. — Plus d'une Pénélope honora son pays. A Paris, on voit plus d'un fripon qui se dupe l'un l'autre. Quels sont nos premiers parents ? C'est Adam et Ève. C'est les fanfarons qui ont le moins de courage. Est-ce là les effets de votre travail ? C'est sa gloire et ses plaisirs.

(*) Quand la conjonction *ou* ne marque pas *exclusion*, et que l'idée du verbe peut être attribuée à plusieurs sujets, il est préférable de mettre ce verbe au pluriel, attendu que *ou* a presque la force de *et*.

328e. — Ce fut les Phéniciens qui inventèrent la navigation. C'est la justice et la bonté de Louis XII qui l'ont rendu digne du surnom de *Père du peuple.* C'est vous, hypocrites, qui *prêche*... la vertu, et c'est vous qui la *pratique*... le moins. Etait-ce toutes les troupes? Serait-ce vos intentions? C'est à vos sollicitations que je dois ma place.

Régime ou complément des Verbes et des Adjectifs.
(Gramm. Nos. 356 à 362.)

Dans les phrases suivantes, l'élève choisira la construction correcte.

329e. — Le Créateur préside et règle le mouvement des astres; *ou :* Le Créateur règle le mouvement des astres et y préside. Les grandes vertus se cachent ordinairement dans la servitude et s'y perdent; *ou :* Les grandes vertus se cachent et se perdent ordinairement dans la servitude. La politesse embellit ceux qui la possèdent, et leur donne des grâces; *ou :* La politesse embellit et donne des grâces à ceux qui la possèdent. Les années instruisent et apprennent aux hommes à faire usage de la vie; *ou :* Les années instruisent les hommes, et leur apprennent à faire usage de la vie.

330e. — Ces enfants sont dociles et contents de leurs maîtres; *ou :* Ces enfants sont contents de leurs maîtres, et sont dociles à sa voix. Ma fille est portée à la lecture et en est fort avide; *ou :* Ma fille est portée et fort avide de la lecture. L'ennemi attaqua et prit notre ville; *ou :* L'ennemi attaqua notre ville et la prit. Ce général est propre et très-content du métier de la guerre; *ou :* Ce général est propre au métier de la guerre et en est très-content. Le prêtre prie Dieu pour tous les fidèles; *ou :* Le prêtre prie, pour tous les fidèles, Dieu.

Corriger les fautes.

331e. — Il faut opposer aux propos des méchants un maintien stoïque. Les hypocrites parent les vices les plus honteux et les plus décriés, des dehors de la vertu. L'ambition, qui est prévoyante, sacrifie à l'avenir le présent. Croyez-vous pouvoir ramener ces esprits égarés par la douceur? Les Français attaquèrent et s'emparèrent de la ville. La bonne Elise est utile et chérie de sa famille. Vous avez parlé contre et en faveur de votre ami. Des voitures entrent et d'autres sortent de la ville à chaque instant.

Emploi du Passé défini et du Passé indéfini.
(Gramm. Nos. 362 et 363.)

Les élèves remplaceront les tirets par les verbes en tête des phrases, en choisissant entre le passé défini et le passé indéfini.

332e. — *Ecrire, recevoir.* Mon ami, je vous — cette semaine, une lettre que probablement vous — vendredi ou samedi.

Envoyer. Vers midi, nous — notre domestique vous porter une corbeille de fleurs.

Se vouer. Nous — une éternelle amitié dès que nous nous vîmes.

Répondre. J'ai reçu hier une lettre à laquelle j — tout de suite.

Emploi du Subjonctif.
(Gramm. Nos. 364 à 370.)

Dans les exercices suivants, les élèves choisiront entre l'indicatif et le subjonctif.

333°. — Quoique les méchants prospèrent quelquefois, ne pensez pas qu'ils sont (ou *soient*) heureux. La religion exige que nous sacrifiions (ou *sacrifions*) nos ressentiments, et que nous publions (ou *publiions*) les louanges du Seigneur. Cet homme est le plus riche propriétaire qui est (ou *soit*) dans ce village. Il lui semble que j'aie (ou *j'ai*) tort.

334°. — Croyez-vous que le coupable dort (ou *dorme*) tranquille, et qu'il n'ait (ou *n'a*) pas le cœur déchiré? Le règne de Charles VI est un des plus malheureux qu'on a (ou *ait*) vus en France. Retenez-le jusqu'à ce que vous sortiez. Il y a peu d'hommes qui sachent (ou *savent*) supporter l'adversité. Il est sûr qu'elle viendra (ou *vienne*).

335°. — Le meilleur cortége qu'un prince peut (ou *puisse*) avoir, c'est le cœur de ses sujets. Citez-moi un maître dont les leçons soient (ou *sont*) aussi profitables. Quelques biens que vous possédez (ou *possédiez*), vous êtes toujours sujets à la mort. Prends garde qu'on **ne te voi...** en chemin. Il me semble qu'elle ait (ou *a*) raison.

Concordance des Temps.
(Gramm. Nos. 370 à 378.)

Les chiffres, dans les exercices suivants, renvoient aux mots entre lesquels il faudra choisir.

336°. — **1.** *Appartienne* ou *appartînt;* — **2.** *portât* ou *porte;* — **3.** *brûlât* ou *brûle;* — **4.** *jette* ou *jetât;* — **5.** *ayez* ou *ayez eu.*

L'envieux voudrait que tout ce qui est bon (1) à lui seul. Solon ordonna, en mourant, qu'on (2) ses os à Salamine, qu'on les (3) et qu'on en (4) les cendres par toute la campagne. Il aura fallu que vous (5) beaucoup de prudence dans cette affaire.

337°. — **6.** *Consentît* ou *consente;* — **7.** *écrives* ou *écrivisses;* — **8.** *répondît* ou *réponde;* — **9.** *tue* ou *tuât;* — **10.** *sortît* ou *sorte.*

Je doute fort qu'un homme de bien (6) jamais à une bassesse. Il faut que tu (7) à ton frère, et qu'il te (8) par le premier courrier. Pour obtenir les honneurs du triomphe, il fallait que l'on (9) cinq mille ennemis. Le médecin a défendu qu'il (10). J'ai toujours pensé que la santé *valait* mieux que les richesses.

Achever les mots.

338°. — Je ne crois pas qu'il parvi... à cet emploi éminent, sans votre protection. Il serait à désirer que tous les hommes aim... les louanges, et qu'ils s'efforc... de les mériter. Les anciens ne savaient pas que la terre tourn... autour du soleil. L'envieux voudrait que toute bonne chose lui appart...

339°. — Il eût fallu, il aurait fallu que vous... parl... à votre père, avant qu'elle arrivât. On ne croira jamais qu'il obt... cette place, si vous ne l'eussiez protégé. Dieu nous a créés pour que nous l'aim... et que nous l'ador... Il était temps que tu t'en aperc... Quoi que vous étud..., donnez-y tous vos soins.

DU PARTICIPE.
Suite de l'accord du Participe passé.
(Gramm. Nos. 373 à 384.)

Tous les participes sont écrits au masculin singulier. L'élève fera accorder ceux qui doivent être variables.

340°. — Cette femme s'est blessé ; elle s'est cassé la jambe droite. Notre enfance s'est écoulé avec rapidité. Une tempête s'est élevé sur la mer. Ses yeux se sont fermé à la lumière. Mes sœurs se sont tu. Nous nous étions proposé de vous aller voir.

341°. — Ces instituteurs communaux se sont concilié l'estime des conseillers municipaux. Ah! comment s'est éclipsé tant de gloire? Comment se sont anéanti tant de travaux? Stéphanie, tu t'es obstiné à ne pas sortir; tu t'es fait une mauvaise réputation.

342°. — Les grands hommes se sont survécu à eux-mêmes. Que de ministres se sont succédé depuis 1830! Mes parents se sont suffi dans leur médiocrité. Geneviève et Zélie se sont souri lorsqu'elles se sont aperçu ; elles se sont convenu.

343°. — Elles se sont plu à la campagne ; elles se sont ri des observations que nous nous sommes fait un devoir de leur adresser ; par-là, elles se sont nui dans l'esprit de la société qui s'était complu à rendre justice à leurs talents. Ces deux hommes se sont ressemblé.

344°. — Mes cousines se sont déplu dans leur pension. La terre s'est ébranlé. Messieurs, vous vous êtes parlé à l'oreille, et vous vous êtes nui. Plus d'une fois, il est tombé des pierres du ciel. C'est une des plus grandes reines qu'il y ait eu. Vous vous êtes donné des coups.

345e. — Les froids qu'il a fait cette année, ont été très-vifs. La chaleur qui est survenu, a brûlé nos légumes. Les pluies continuelles qu'il a fait, ont causé toutes les maladies qu'il y a eu. Il est arrivé de grands malheurs dans ce village.

346e. — Les remèdes qu'il a fallu, ont coûté des sommes immenses. Les peines que nous avions prévu que cette affaire vous causerait, se sont réalisé. Votre sœur, que j'avais prévenu que vous étiez arrivé, est accouru. Les leçons que vous avez voulu qu'elle étudiât, ne lui ont pas profité.

347e. — Les femmes que vous avez convaincu, persuadé que nous étions vos frères, l'ont toujours cru. Le peu de bonne conduite que ce jeune homme a montré, vous a fait lui retirer votre confiance. Le peu de capacité que nous avons acquis, nous fut très-utile.

348e. — Le peu de soldats que nous avons rencontré, nous ont tous dit la même chose. Napoléon a remporté plus de victoires que d'autres n'en ont lu. Vous connaissez mon jardin : voici les pêches que j'en ai apporté. Ont-elles étudié?

349e. — Il crut voir des miracles et même en avoir fait. Des fleurs, j'en ai beaucoup cueilli. Des roses, combien j'en ai effeuillé! Que j'en ai fané! Autant de batailles il a livré, autant il en a gagné. L'affaire est moins sérieuse que je ne l'avais pensé.

350e. — Votre sœur est toujours la même que je l'ai connu. Ces personnes ne sont pas aussi instruites que nous l'avions cru. Votre fille, je l'ai vu une seule fois, et je l'ai reconnu. Les trois heures que j'ai dormi, m'ont fait beaucoup de bien.

351e. — Toutes les années que ce prince a régné, ont été signalé par des bienfaits. Toutes les fois qu'il a parlé, il a été applaudi. Il s'est bien ennuyé pendant les quatre mois qu'il a voyagé. Les vingt kilomètres que nous avons couru, nous ont fatigué beaucoup.

352e. — Les sommes que ce procès m'a coûté, sont immenses. Les cinq cents francs que ce cheval a valu, il les vaut encore. Ses erreurs, elle les a longtemps blâmé. C'est la langue française qu'il a parlé toute la vie. Je ne regrette ni les soins, ni les peines qu'il m'a coûté.

353e. — Les emplois que vous avez couru, vous ont échappé. Les heures qu'il a crié, l'ont rendu malade. Voilà les meubles que l'huissier a crié. Que d'honneurs m'a valu mon habit! Je *n'oublirai* jamais les faveurs que votre recommandation m'a valu

354e. — Les enfants que nous avons entendu chanter, nous les avons entendu applaudir. La montre que j'ai vu voler, est celle que j'ai vu tomber. La femme que vous avez aperçu frapper ses enfants, n'est pas la même que vous avez aperçu frapper par son mari.

355e. — Mon ami, les marchandises que tu as laissé introduire, est-ce celles que tu as laissé dépérir? Mademoiselle, où sont les robes que nous vous avons vu coudre, et les cravates que nous vous avons vu ourler?

356e. — Camarades, les plumes que je vous ai vu tailler, où sont-elles? Vous les avez vu s'accomplir, ces choses étonnante. Tu les as envoyé cueillir des fruit, tes enfant, ensuite tu les as envoyé chercher par ta servante, que j'ai vu courir.

357e. — Elle s'est vu mourir, cette pauvre femme; elle s'est vu éteindre comme une lampe. On leur a donné tous les agrément que l'on a pu. On a eu pour leur âge tous les égard que l'on a dû. Elle m'a payé toutes les somme qu'elle m'a dû.

358e. — Ils m'ont donné tous les plaisir que j'ai voulu. Tous les maux qu'on lui a voulu, sont arrivé. Mes sœurs ont fait toutes les dépenses que leur fortune leur a permis. J'ai fait toutes les démarche que mes parent ont ordonné.

359e. — Quelle peine j'ai eu à le décider! Les injures que nous avons eu à essuyer, nous ont dégoûté. La liberté qu'il a pris de la tutoyer, lui déplut. C'est une difficulté que j'ai appris à vaincre. Les charges qu'il a eu l'honneur d'exercer, lui ont échappé.

360e. — La témérité que j'ai eu de le critiquer, le fâcha. La plante, mise en liberté, garde l'inclinaison qu'on l'a forcé de prendre. Partout les rayons perçant de la vérité vont venger la vérité qu'on a négligé de suivre. Voilà la maison que j'ai fait bâtir et que j'ai fait agrandir.

DE LA PRÉPOSITION.
(Gramm. Nos. 384 à 391.)

L'élève est prié de corriger les phrases fautives, conformément aux règles.

361e. — Nous n'apercevons la vérité qu'à travers du voile de nos passions. Il lui passa son épée au travers le corps. Cet arbre est planté vis-à-vis ma fenêtre. Vous demeurez en face l'église. Louis IX se distingua, entre tous les rois de France, par la piété et par la douceur de son règne.

362e. — Il existe une grande amitié parmi ces deux hommes. Les libertins ont beau faire; ils tremblent quand ils sont prêts à mourir. Celui qui est près de mourir, ne craint pas la mort. Voici mon jardin là-bas dans la vallée, et voilà ma maison en face nous.

363e. — Nous avons voyagé en Europe, Asie, Afrique et Amérique. Il est doux de servir sa patrie et contribuer à sa gloire. Il dut sa vie à la clémence et à la magnanimité du vainqueur. Ce berger parvint aux premiers grades militaires par sa force, par son génie et par son adresse.

DE L'ADVERBE
(Gramm. Nos. 391 à 398.)

Les élèves remplaceront les tirets par les expressions convenables.

364e. — *Autour* ou *alentour*. Les soucis importuns voltigent comme des hiboux — des lambris dorés.

Cette femme était sur sa chaise, et ses filles étaient a...

Avant ou *auparavant*. Vous n'auriez pas dû parler ainsi : il fallait réfléchir —.

Il faut rire a... d'être heureux, de peur de mourir a... d'avoir ri.

365e. — *Plus* ou *davantage*. Vous avez de l'esprit ; mais votre compagne en a encore — que vous.

Malheur à ceux qui estiment — les richesse que la vertu !

De suite ou *tout de suite*. Nous jouâmes plusieurs parties —.

Il faut aller chercher le médecin —, car le temps presse.

366e. — *Plutôt* ou *plus tôt*. Une grande naissance et une grande fortune annoncent le mérite et le font — remarquer. Le travail est nécessaire aux hommes : il fait leur félicité — que leur misère. — *Corriger les fautes*. — J'ai *très*-faim et *très*-soif. Votre sœur était *si* en colère, qu'elle en devint toute rouge.

DE LA CONJONCTION ET DE L'INTERJECTION.
(Gramm. Nos. 398 à 404.)

Dans les exercices suivants, les chiffres renvoient aux expressions entre lesquelles il faudra choisir.

367e. — 1. *Parce qu'il* ou *par ce qu'il* ; — 2. *parce qu'ils* ou *par ce qu'ils* ; — 3. *quant* ou *quand*.

Il ne faut pas juger d'un homme (1) ignore, mais (1) sait. Les hommes ne sont inconséquents dans leurs actions, que (2) le sont dans leurs principes. Mon ami, (3) vous serez arrivé, vous viendrez me voir. (3) vous attendrai-je ? Ecrivez-le moi.

368e. — 1. *Quant* ou *quand* ; — 2. *quoique* ou *quoi que* ; — 3. *où*, *ou*.

(1) à moi, je suis disposé à tout faire pour vous être agréable. Messieurs, (2) vous ayez dit, on ne vous a pas crus. Votre oncle a été condamné, (2) il eût raison. C'est votre frère (3) moi qui serons admis. Dites-moi, s. v. p. : (3) allez-vous maintenant ?

369e. — 1. *Où*, *ou* ; — 2. *ah* ou *ha* ; — 3. *eh* ou *hé* ; — 4. *oh*, *ho* ou *ô*.

Il demeure à Abbeville (1) dans les environs. Nous irons à Doullens (1) nous vous attendrons. (2)! quelle pitié! (3)! qui aurait pu croire cela? (3)! viens çà. (4) mon Dieu! que vous êtes magnifique! (4)! que me dites-vous là? (4)! quelle pitié! mourir si jeune! (2)! vous voilà!

DE L'ORTHOGRAPHE.

(Gramm. Nos. 404 à 430.)

Corriger les fautes, conformément aux règles; dans le doute, consulter le dictionnaire.

370°. — Honorez vos parents; vous vous acquerrez vous-mêmes de l'honneur. Ce donataire donna ses biens aux hospices. L'orthographe est la manière d'écrire correctement les mots de la langue. La philosophie est la connaissance des choses par leu... causes et leur... effet...

371°. — Joseph établit des greniers d'abondance dans toute l'Egypte. La physique est une science difficile et utile. Ce dar... est pointu. Voilà un lon... fusi... J'ai des parfums odoriférants. Son débu... fut heureux. Suis mon avi... Le berger que j'ai vu dans mon cham..., est caduc.

372°. — Il y a une mine de plom... Je suis à l'abri... L'habit de mon favori... est bleu. Le conseil est dissou... Le péniten... est absou... Prends ce caillou sous le bras, fais un effor..., tu arriveras au dépo..., et tu verras l'entrepo... en face. Paie le tier... de tes impôts. Dans ton intérêt, reste coi.

373°. — Ce républicain est un Africain. Quan... nous arriverons au prochain relai..., nous fumerons une pipe de taba.. Si, dans la nui..., tu entends du brui..., sors de ton li..., et cours te cacher au bout du jardin. Ce diamant est brut. Quel clima... de fer! Jamais de temps serein.

374°. — Si j'ai faim, mon panier est plein... de pain. Dieu voit, comme un néan..., tout l'univer... ensemble. J'ai regret de l'ama... de blé que j'ai fait. Il faut battre le fer tandis qu'il est chau... Je vous fais don de cette tabatière. Le sommeil est l'image de la mor...

375°. — Cet avoca... se fit solda... et parvint au générala...; il avait la poitrine couverte de cracha... Nous mangeâmes un anana... et du cervela... Tracez un caneva... Voulez-vous un nouveau morceau d'aloyau? Il sortit du caveau, couvert de son manteau, avec son chapau... sur la tête.

376°. — J'ai mangé du gruau et des noyaux. Donnez-moi une bouché... de pain. La bonté... de Dieu est infinie. Ce chien se distingua par sa fidélitée. Il a vendu une charetté de fourrages. Elle se sauva par l'allé. L'empereur envoya des ambassadeurs à toutes les puissances.

377°. — Emmanchez ces couteaux. J'ai des bonbons dans ma bonbonnière. Son embonpoint l'incommode ; néanmoins il marche encore bien ; c'est un homme nonpareil. Ce comte régla ses comtes avec ses fermiers, et leur raconta un compte qui ne les fit pas rire.

378°. — J'admirai hier le chan... matinal de l'alouette, lorsque je visitai mon chan... semé en orge. La faim les força de mettre f... à leurs jours. Cet homme, né à Foix, a nié ses dettes plus d'une foi... ; il a reçu des coups pour sa mauvaise foi..., et depuis il a mal au foi...

379°. — Le maître a pris son m... pour le m... dans son cabinet. La mer... du maire de notre village a voyagé sur mer... Voilà des poi... pour peser les petits poi... que j'ai achetés. Ce marchand de poi... pue toujours. Pouah!!!...

De quelques Signes orthographiques.

(Gramm. Nos. 8 à 14, et 430 à 438.)

Dans les phrases suivantes, les élèves emploieront les signes orthographiques convenables.

380°. — Ou vas-tu ? je vais la tout pres. Chaque fois que je rencontre ta sœur dans la commune, je la salue. C'est elle ou ta cousine qui sera nommee queteuse. Ce jeune homme a beaucoup de dispositions ; il faudra le mettre à l'ecole normale.

381°. — On voit des rivieres navigables des leur source. On doit hair le mensonge. La reponse de ton frere Paul, est ambigue et incomprehensible. J'ai recu le memoire du macon qui a fait la facade de ma maison. Il est venu a Noel.

382°. — L'epee du general est cassee. D'ou viens-tu ? Voila de l'eau tiede. Cet eleve a beaucoup de zele : aussi fait-il des progres. Cette pate a une teinte noiratre. Nous mangeames du ragout a la fete de ma mere. Jesus-Christ a fait douze apotres.

383°. — Arras est le chef lieu du departement du Pas de Calais. Voici un arc en ciel tres visible. Il arriva tout a coup. Passez moi l'essuie mains. L'an mil huit cent quarante sept. Est ce votre belle sœur qui chante ? Chantera t elle encore après demain ?

384°. — Jaime lhomme desprit. Quelquun viendra. Je lirai jusquau soir. Lorsquon veut etre respecte, il faut quon respecte les autres. S'il ne vient pas, jirai le trouver, puisque il me la dit. Je lestime, quoiqu'il me dedaigne. Cette presquile est verdoyante.

385°. — Quelqu'adroits que nous soyons, nous pouvons manquer. Mon billet écherra l'onze du mois prochain. Il vint la tete presqu'enveloppee. Je dormirai jusque a midi. Engagez la a sortir. Puisque on le veut, je le ferai, quoiqua regret.

DES MAJUSCULES OU CAPITALES.

(Gramm. N°. 438.)

Mettre des lettres majuscules d'après les règles.

386°. — La france est un des plus beaux royaumes de l'europe. Votre sœur léonie est aimable. La géographie est une science utile. Le nord est situé en face du sud. L'empereur napoléon-le-grand est mort à l'île sainte-hélène, le 5 mai 1821. Nous devons adorer le tout-puissant. La picardie est un pays productif. Le sage a dit : aide-toi, le ciel t'aidera. Les français sont courageux. La sombre jalousie suit à pas chancelants le soupçon qui la guide. Répondez, cieux et mers; et vous terre, parlez.

DE LA PONCTUATION.

(Gramm. N°s. 439 à 451.)

Corriger les fautes de ponctuation.

La Virgule.

387°. — Le mépris la haine la crainte le ressentiment en un mot toutes les passions se réunissent contre une autorité si odieuse. Votre ami est sincère droit équitable libéral bienfaisant. Il sait régler ses goûts ses désirs ses travaux ses plaisirs son courage son adresse. On arrive on se réjouit on débarque enfin. Je crains Dieu mon enfant et n'ai point d'autre crainte. Un ami don du ciel est le vrai bien du sage L'homme hardi peut tout et le peureux rien.

Le Point-Virgule, les Deux-Points, le Point.

388°. — Parler beaucoup et bien, c'est le talent du bel esprit parler beaucoup et mal, c'est le défaut du fat parler peu et bien, c'est le caractère du sage On ne doit jamais se moquer des misérables car qui peut s'assurer d'être toujours heureux? Souvenez-vous de cet adage aide-toi, le ciel t'aidera Tout me plaît dans les synonymes de l'abbé Girard la finesse des remarques la justesse des pensées et le choix des exemples Ma mère m'a dit mon fils, je t'aime plus que moi-même.

Les Points d'Interrogation, d'Exclamation et de Suspension.

389°. — Mais parle, de mon sort, qui t'a rendu l'arbitre. S'il fallait condamner tous les ingrats qui sont au monde, à qui faudrait-il pardonner. Un précepte est aride, il le faut embellir; ennuyeux, l'égayer; vulgaire, l'ennoblir. Lui fait-on des compliments, il s'enorgueillit aussitôt. A tous les cœurs bien nés, que la patrie est chère. Ah que de la vertu les charmes sont puissants. Que vois-je cria-t-il. Que de ressources ne procure pas l'étude.

390°. — Je devrais peut-être mais, pour cette fois, je vous pardonne. J'aime à ce mot fatal, je tremble, je frissonne. Qu'un ami véritable est une douce chose. Qui gagna autant de batailles que Napoléon. O Dieu, confonds l'audace et l'imposture. O nuit, nuit effroyable, ô funeste sommeil. Qu'est cela. Rien. Mais encore. Dites-moi, que pensez-vous faire. Ne quitterez-vous point ce séjour solitaire.

Les Guillemets, la Parenthèse et le Tiret.

391°. — Debout, dit l'avare, il est temps de marcher. Hé! laissez-moi. Debout. Un moment Tu répliques. La peste, puisqu'il faut l'appeler par son nom, capable d'enrichir en un jour l'Achéron, faisait la guerre aux animaux. M. de Ségur met ces paroles dans la bouche d'Alexandre : On m'assure en vain que je suis le fils de Jupiter; cette plaie me fait trop sentir que je ne suis qu'un homme. Dieu a dit : Honore, aime, respecte ton père et ta mère.

RÉCAPITULATION
SUR TOUTES LES RÈGLES DE LA GRAMMAIRE.(*)

Corriger les fautes. On a écrit en italiques quelques mots fautifs.

392°. — Les Franc avait la taille haute, la peau très-blanche, les yeux bleu; ils laissait croître de petite moustaches à la lèvre supérieur; leurs cheveux, coupé par derrière, long par devant, était d'un blond admirable. Ils portait une bel et large ceinture où pendait une épée lourde, longue et tranchante. Ils étaient d'une légèreté si prodigieux *qu'il* tombaient sur leurs ennemi aussi vite que les trait qu'ils avait lancé contre eux.

393°. — Nos loi les plus ancienne *son* les lois salique, ainsi nommé des Saliens. On sait que Clovis en rédigea un grand nombre d'article. Les crime les plus grand, tel que le

---

(*) Ces exercices récapitulatifs sont calqués sur l'histoire de France. — Les signes orthographiques ne sont presque point viciés.

meur're et l'adultère, étai... punis par des amendes pécuniaire. Les maîtres étai... responsables des vols fait par leurs esclave, et des dégâts causé par leurs bestiaux.

394°. — Astolphe, roi de lombardie, jalou... de voir rome et les plus beaux cie... de l'italie au pouvoir des papes, entrepris de s'en emparer, Il préparait tous *ces* attirails de guerre, sources de mil... ma... Déjà *c'est* drapeaux flottaient devant la ville éternel, quand pépin-le-bref, que ni les fatigues, ni les travaux ne pouvait *lassé*, franchit les alpes, et grâce à ses effort, la puissance temporelle des successeurs de saint pierre fut dès-lors fondé.

395°. — Le pape étienne II donnent l'onction sainte à pépin, à berthe, son épouse, et à ses enfants. Puis, courbant les genou, et levant les yeux vers le ciel, il conjure le très-haut de ne pas permettre que la couronne royal *sort* de la race de Pépin. Les voix de l'assemblee repete la meme prière et font des vœux pour qu'il vainque ses ennemis et ses rivaux. — Pépin fut enterré à Saint-Denis.

396°. — L'histoire obscur et ténébreuse du moyen-âge s'éclaires un instant du génie de charlemagne. ce prince commenca une carrière qui devait être si florissante et si bel, en réunissant l'aquitaine à sa puissance. carloman, son frere, eut à peine le temps de gouter les douces et fugitifs illusions du pouvoir. à sa mort, une foule courtisanne et complimenteuse de seigneurs, se rendit, auprès de charles, qui fut déclarés unique souverain.

397°. — L'enchante... italie offri bientôt à charlemagne une nouvel et glorieuse couronnes. A la voix plaintif et suppliante du pape adrien, devenu l'objet des traîtres attaques de didier, notre roi marcha à la tete de ses troupes, plus martiales que les courageuses armées turc ou mahométannes; que les ancienne cohorte grec, et que la vieille légion romaines.

398°. — Les francais revenait à peine de cet délicieuse contré, que d'immoreaux complots des saxons brutal, appèlent leurs armes victorieuse. aussi prompts que la foudre venge..., charlemagne vaint les révoltés, et leurs adresse de bénignes paroles. Witikin et plusieurs de ses principaux officiers *ce* soumire... et embrassère... la religion chrétiennes.

399°. — Nos armes furent aussi heureuse contre les esclavons et les huns établis en hongrie, et leurs richesses excessifs, fruits de leurs rapines continuels et dévastat..., devinrent notre proie légale et nos avantages triomphal... De nouvaux triomphes et de nouvelles victoires *appèlent* nos belliqueuses troupes en espagne, et les sarrasin tremble devant leur audacieuse intrépidité.

400º. — Ensuite, ce grand prince dirigeat ces valeureuses armées contre les grec, les domptat, et forçant tout jusqu'aux bords de la *mère* baltique, il obligeat les danois à *ce* *renfermé* dans leur presqu'île. Il fallai... qu'il *mette* un terme aux révoltes sanglantes qui ce renouvelait chez les saxons. Il marchat contre ces fiers légions avec sa guerrière énergie et ses loya... soldats, les *terrasses* et s'avançât jusqu'aux rives fécondes du wéser.

401º. — Hugues-le-grand fut élevé au trone, *aux milieux* des vivats et des bravos de la multitude, par les suffrages mêmes de *s'est* rivaux qui, croyant partager son autorité, n'étaient réellement que *c'est* brillants aide-de-camp. Il fit ses délices des actions propres à lui attiré les amours constants de ses peuples. Terrible comme l'aigle majestueuse, il fondi sur les allemands.

402º. — *Ils* se conciliat les ecclésiastiques, en abandonnants aux religieux *des* riches et grandes abbayes. Cet exemple fut suivi par les grands-vasseaux et mêmes par les arrières-vasseaux. Les *membres* du clergé, unissants leurs te deums solennels, leurs joyeux alleluias, aux paters et aux pieux ave maria de l'humble multitude, pour remercié le roi des cieux de leurs avoir donner un si bon prince, lui décernère... le titre de défenseur de l'Eglise.

403º. — Par ses vertus guerrierres, il causat à ses ennemis de cruels rabats-joies et de rudes creves-cœur. Par sa fermetée, il écartat les contres-coups que tentèrent de lui porter quelques troubles-fête; il fut l'un des avant-coureur de cet gloire dont les français devait ce couvrir, lorsqu'ils serai... guidés par leurs aigles impéria... et victorieu...

404º. — Par sa piété, par ses bons exemples et par l'aide assuré qu'il *à* porté *a* l'église, il affermit le christianisme. Alors, les temples ne retentissai... pas encore du son de ces orgues harmonieux, ni de ces voix vibrantes et sonores qui, par des solo, des duo, des trio, des quatuor mélodieux, vienne... aujourd'hui enflammé les cœurs de l'amour divin.

405º. — Le roi robert à composé plusieurs beaux hymnes que l'on chantent encore à l'église, et qui ne manquent pas de ce feu divin *si admirer* dans les hymnes composé en l'honneur des dieux mythologique. Il a accorder la vie sauve à douze scélérats, vrais coupes-jarrets, qui avaient tendus des guet-à-pens pour l'assassiné.

406º. — Sous philippe Iᵉʳ, a la voix du preux et du bouillant Pierre-l'Ermite, gentilhomme picart, treize cent... mil... hommes se croisèrent. Beaucoup périt en route; ceux qui parvinre... en orient, prire... d'assaut jérusalem, dont il proclamère roi leur sage et leur vaillant chef, le pieux et le prudent godefroy de bouillon.

407°. — Louis VI marcha contre henri I*er*, roi d'angleterre, et les deux armés se rencontrèrent à Brenneville. Ne prenant conseil que d'un courage ou d'une témérité *exaltés*; oubliant que non seulement une prudence, *mes* même une politique judicieuse, doit être la compagne des rois, ils combatti... comme le dernier de ces soldats. La bravoure, l'intrépidité *héroïques* que louis déployat dans cette fatales journée, ne *purent* empêcher sa défaite.

408°. — Louis IX avait à peine douze ans, quand il succéda à *sont* père, en l'an mil... deux cent vingt-six, c'est-à-dire en l'an cinq mil... deux cent vingt-six de la création du monde. Il *s'enbarqua* pour la terre-sainte, *a* aigues-mortes, port situé à près de trois cent quatre-vingt ou quatre cent kilomètres de paris. Cé prince fondas l'hospice des quinze-vingt.

409°. — philippe-le-hardi ramena les dépouille mortel de *sont* père. Le lendemain de leur arrivée à Paris, elle furent déposé, en grande pompe, dans les cavaux de Saint-Denis. un peuple immense accouru... à cette lugubre cérémonie, et jamais on ne vi... nul pleur plus sincères, ni aucune funéraille plus touchantes. a cette époques, les ouvrages et les noms de quelques célèbres écrivains sortir... de l'oublie.

410°. — Charles V, dit le Sage, admi... dans ses conseils des dignes et des sages ministres; il confiat ses troupes à des vaillant et des prudent capitaines; en sorte que, tandis que *ceux-ci*, par une sage administracion, acquittai... les dettes de létat et rendai... le peuple heureu..., *ceux-la* savait forcé la victoire à se rangé encore sous nos drapeau, humiliaient le roi de navarre, et arrachait aux anglais les provinces qu'ils avaient conquis...

411°. — Louis XII fit connaître que ce sont le bonheur et la reconnaissance des peuples qui *peut seul* rendre les princes heureux; et les états, pour lui prouver que c'est les vertus et la bienfaisance des princes qui leurs mérite... les bénédictions de leurs sujets, le proclamère... le *père du peuple*.

412°. — Bayard, la trémouille, gaston de foix, était de ces guerriers à qui il aimait à dire : « Ce sont vous, braves capitaines, qui m'a... soutenu dans mes disgrâces ; vous êtes les généraux qui m'avez empêché plusieurs fois de succombé. » *Placé* sur le trône pour le bien général, disait-il à la reine anne, nous devons oublier parents, amis, tout, si ce *ne sont* nos sujets.

413°. — Après la bataille de marignan, que les vieux guerrier appelèrent *le combat des géant*, un des plus terribles qui se soit livré jusqu'à cet époque, françois I*er* se rendit maître et occupa le milanais. Il conclut avec les suisses une paix perpétuel, et pour gagner et plaire au pape, il abolit la pragmatique-sanction qu'il *remplacât* par le concordat.

414°. — La nuit du 24 au 25 août (1572), fête de saint barthélemy, est marquée par l'exécution d'une des plus sanglante catastrophes qui ait épouvanté la terre. catherine de médicis ordonna que tout les calvinistes soi... égorgé. croira-t-on que le roi charles IX a... eu la barbarie de tirer sur ses malheureux sujets fuyant, et qu'il s'est réjoui de voir le cadavre de coligny outragé par la populace ?

415°. — Henri IV disait : « J'aimerait mieux n'avoir jamais paris que de voir ses murailles tombant, ses rues dégoûtantes du sang de ses habitants, et mes soldats *ce* baignant dans celui de leurs compatriotes, expirant sous leurs coups redoublé, et fuyants loin du foyer paternelle. » L'infâme ravaillac mis fin aux jours si intéressants de ce bon roi, en lui plongeant un poignard dans la poitrines, vers trois heures et demi de l'après-midi.

416°. — Il fallai... à marie de médicis l'autorité souveraine qu'on l'avaient toujours vu ambitionné. Les mécontents, dont elle n'avait jamais cessée de suivre les conseils, s'était encore une fois rassemblé *alentour* d'elle. Le roi Louis XIII fit tout pour évité une rupture qui aurait fait renaître les discordes qu'on avait eu tant de peine à apaiser. Mais quant il vit que les rebelles s'étaient imaginés pouvoir lui résister, il *ce* mit à la tête de l'armée royale, alors commandé par le prince de condé, devenu un des plus fidèles sujets qu'ait jamais eu le roi.

417°. — Les revers qu'avai... essuyé la france s'était succédé d'une manière déplorable. Villeroi, que la faveur de la cour s'était plue à placer à la tête d'une armée de quatre vingts mille hommes, était en flandre. La présomption, comme l'impéritie qu'il a montré, *causèrent* au pays les plus grands maux qu'il *a eu* à endurer. La flandre française fut abandonner et perdu.

418°. — Frédéric, poussé à la fois par la france, l'autriche et la russie, était prêt à perdre ses états et près de proposer la paix ; *mes* la bataille de rosbach, qu'il gagnât en 1557, rétablit promptement ses affaires. Le prince de Soubise s'était mis à sa poursuite, et se voyant prêt à l'atteindre, il le tenaient pour vaincu. Tout d'un coup, frédéric fait volte-face et par une savante manœuvre, écrase notre armée.

EXERCICES
SUR LES HOMONYMES. (*)

Les élèves, à l'aide du dictionnaire, étudieront (*ou mieux écriront*) la signification des mots placés en tête de chaque exercice ; puis ils remplaceront les tirets par les homonymes convenables. Ils devront de plus rendre compte de leur manière d'orthographier.

419e. — *Air, aire, Aire, ère, erre, haire, hère; = faire, fer, Fère, ferre.*

Voyez-vous ce pauvre —, natif d'— (*Pas-de-Calais*), vêtu d'une — de crin ? Il — autour d'une — où l'on respire un mauvais —; mais une — nouvelle va s'ouvrir pour lui, = parce qu'il vient de — un héritage immense d'un oncle, marchand de —, mort à La — (*Aisne*).

420e. — *Alène, haleine; = amande, amende; = âne, Anne; = antre, entre.*

Ce cordonnier perdit — en cherchant son —; = et pour avoir pris une —, il fut condamné à une — de deux cents francs. = Ce bel — appartient à ma sœur —, = qui m'a toujours dit qu'une maison de jeu est un — horrible, et que celui qui la fréquente, s'y trouve placé — l'infamie et la mort.

421e. — *Ancre, encre; = Aude, ode; = août, houe, houx, ou, où; = auteur, hauteur.*

Ce marchand vend de l' — pour écrire et des — pour fixer les vaisseaux. = L'auteur de cette — est né sur les bords riants de l' —. = — allais-tu le quinze — le seize du mois d' —, avec un rameau de — à la main, et une — sur l'épaule ? Cet — n'est pas à la — de son siècle.

422e. — *Are, arrhes, art, harts; = au, aulx, eau, os; = auspices, hospice.*

En achetant cet — de bois, où tu trouveras une grande quantité de —, tu fis bien de donner des —. Ton marché fut conduit avec —. = Ce marchand d' — boit de l' — du matin — soir, et mange des — avec son pain. = Cet homme, quoique né sous d'heureux —, mourut à l' —.

423e. — *Autel, hôtel; = appas, appât; = avant, avent; = bal, Bâle, balle.*

(*) On appelle *homonymes* des mots qui ont la même prononciation, ou à peu près, mais qui diffèrent très-souvent par l'orthographe.

4.

A l'époque de la terreur, son père éleva un — dans son —, où un saint prêtre disait la messe. = L' — de l'oisiveté est toujours un — dangereux pour la jeunesse. = Le premier dimanche d'— arrive toujours quatre semaines — Noël. = Mon cousin, en sortant du —, partit pour — en Suisse, où il reçut une — dans la tête.

424°. — *Balai, balaie, ballet; = sale, salle; = ban, banc; = vain, vin, vingt, vint; = baud, baux, beau, bot.*

B — cette s — qui est s —, avec ce b —, parce qu'on doit y danser un b —. Assis sur mon —, j'entendis publier son dernier —. = C'est en — qu'il but du — quand il — me voir le — du mois de juin : il défaillit en route. = Mon père, qui a le pied —, et qui possède un — chien —, rédige souvent des —.

425°. — *Dessein, dessin; = boue, bout; = cane, canne; canaux, canot; = chaud, chaux; = chaine, chêne; = car, quart.*

J'ai — d'envoyer mon fils au cours de —. Avec le — de ma c —; je tuai une c — qui tomba morte dans la —. = Nous nous sommes promenés en — sur des — où il ne faisait pas —; nous débarquâmes auprès d'un four à —; nous attachâmes notre nacelle à une — scellée dans un tronc de —, et nous ne restâmes à terre qu'un — d'heure. — il était déjà tard.

426°. — *Camp, Caen, Kan, Kent ou Kant, quand, quant, qu'en; = jarre, jars.*

Un —, sous les ordres d'un général qui ressemble au — des Tartares, a été formé près de la ville de —. Un milord de la province de — alla le visiter. — irons-nous aussi ? — aux frais de voyage, je m'en charge. — penses-tu ? = Ce — a bu une — de lait tout entière.

427°. — *Bah! bat, bât, bas; = chœur, cœur; = envi, envie, envies; = gai, gué, guet; = jeune, jeûne.*

Ce vieux papa qui — la caisse, a perdu, dans une ribote, ses — et le — de son âne ; lorsqu'on lui en parle, il dit : —! = Ces enfants de — ont du —; = ils travaillent à l'— et ont — de se surpasser. — tu leur courage ? = Léopold n'était pas — lorsqu'il passa le —, car il était poursuivi par le —. = Cette — fille observe le — ordonné par l'église.

428°. — *Tante, tente; = sou, soûl, sous; = trop, trot; = raine, reine, rêne, renne, Rennes.*

Ce brave général abrita sa — sous sa —. = Donne un — à cet homme — couché — la porte. = Je n'aime pas — le — de ton cheval. = La —, qui était couverte d'une peau de —, tenait les — de son coursier en entrant dans —, où l'on voit beaucoup de — vertes.

429°. — *Fait, faix;* = *guère, guerre;* = *lai, laid, laie, lait, lé, legs, les, lez* ou *lès.*

C'est un — notoire que ton père a succombé sous le — des années = Ces jeunes gens ne reculeraient — s'il fallait aller à la —. = Ce riche négociant, se voyant mourir d'une blessure qu'il a reçue d'une —, fit son testament, il laissa un — considérable pour — pauvres; il était très — et ne buvait que du —; un frère — lui récita — prières des agonisants, et fut enterré à Longpré — Amiens.

430°. — *Je, jeu;* = *fausse, fosse;* = *cent, sang, sans, sens, sent, s'en.*

Mon ami, — te conseille de ne pas fréquenter le —. = André prit une — route, et tomba dans une — profonde. = Ton oncle, homme de bon —, a près de — deux ans; il voit que sa position est — remède; il — que son — se glace et qu'il — va.

431°. — *Pair, paire, perd, père;* = *grâce, grasse, Grasse;* = *cour, cours, court.*

Lucien, dont le — était — de France, et qui a une si belle — de chevaux arabes, — tout son argent au jeu. = Cette personne, née à — (*Var*), est trop — et manque de — dans ses mouvements. = Paulin qui, avec son habit —, vient d'entrer dans la —, va-t-il au — de musique?

432°. — *Chair, chaire, cher, chère;* = *Pau, peau, Pô, pot.*

Le bois de la — de notre église est couleur de —; l'ouvrier qui l'a faite aime la bonne —, et vend sa marchandise très —. = Un habitant de —, voyageant couvert d'une — d'ours, se noya dans le —, en allant y puiser de l'eau dans un — de grès.

433°. — *Ceins, ceint, cinq, sain, Sains, saint, sein, seing;* = *saut, sceau, Sceaux, seau, sot.*

Ce — ermite, — de corps et d'esprit, — d'une ceinture, qui porte une relique sur son —, est natif de — (*Somme*). Je lui prêtai — francs, et il me donna un billet sous — privé. = Ce grand — qui prit le — du maire de —, fit un — et tomba dans un — plein d'eau.

434°. — *Cou, coud, coup, coût;* = *dais, des, dès, dey;* = *dam, dans, dent.*

Vous en paierez le —. Je donnai un — de bâton sur le — du chien de cette femme qui — une robe. = — le matin, nous vîmes — jeunes filles qui allaient parer le — que le — d'Alger admira. = J'ai perdu la — d'éléphant que j'avais trouvée — la rivière; quel — pour moi!

435°. — *Clair, claire, clerc ; = cens, cense, Sens ; = fond, fonds, font, fonts.*

Au — de la lune, je vis le — du notaire qui buvait de l'eau —. = Près de la ville de —, se trouve une — dont le propriétaire paie le — électoral. = Avec leur — de boutique, mes parents — construire une maison au — du jardin, et donnent de beaux — baptismaux à l'église.

436°. — *Comptant, contant, content ; = cygne, signe ; = date, datte ; bête, belle.*

L'avare est aussi — en — ses écus, que le vieux soldat l'est en — l'histoire de ses campagnes. Le — est le — de la candeur. = Par sa lettre, en — du 9 courant, mon frère m'annonce qu'il m'envoie des —. = Cette — mange des — avec avidité.

437°. — *Faite, faîte, faites, fête ; = là, lacs, las ; = serein, serin.*

Mon fils est monté sur le — de la meule que j'ai —, pour découvrir les divertissements de la — ; si vous êtes curieux, — comme lui. = Je suis — de tendre des — dans cet endroit —. = Ce beau — charme nos oreilles lorsque le temps est —.

438°. — *Mai, mais, mes, mets ; = plaine, pleine ; = voie, voix ; = paie, paix.*

Le premier —, j'allai à la fête du roi avec — frères ; nous ne mangeâmes pas de — succulents, — nous nous divertîmes. = Le jour de la — lune, nous partîmes pour la —, = et à la — de notre chef, nous suivîmes la bonne —. = Pour avoir la —, le maître décida que la — se ferait tous les samedis.

439°. — *Maur, Maure, mord, More, mors, mort.*

Dans le pays des —, le chien ne — pas quand il aboie ; le cheval y prend quelquefois le — aux dents ; là, comme dans le village de Saint- — et partout ailleurs, la cruelle — n'épargne personne ; elle traite de Turc à — les grands comme les petits.

440°. — *Plan, plant ; = raie, rais, rets, rez, Rhé ; = van, vend, vent.*

Le — que m'a donné ce géomètre, figure un — d'arbres bien dessiné. = Ce charron, qui a fait une — sur le — de la voiture, fabrique aussi des — pour prendre des oiseaux. Il habite une chambre au — de-chaussée dans l'île de —. Le — que — ce marchand produit beaucoup de —.

441°. — *Tribu, tribut ; = bai, baie, bey ; = taon, thon, ton, tond ; = vice, vis, = ras, rat.*

La — qui habite près de cette b —, paie un gros — au b — de Tunis, que nous vîmes au mois de novembre sur un beau cheval —. = — cousin, qui — des chiens, a pêché un — et a été piqué par un —. = Cette — a un — dans sa construction. = Ce — a le poil —.

442ᵉ. — *Vau, Vaud, vaut, vaux, veau, vos;* = *vol, vole;* = *cartier, quartier.*

Combien —'le — que vous avez fait venir de — métairies du pays de —? En marchant à — l'eau, nous avons admiré les — pittoresques qui bordent cette rivière. = Ces hommes, qui viennent de faire la —, ont commis un —. = Ce — demeure dans un — paisible.

443ᵉ. — *Touc, tout, toux;* = *ver, verre, vers, vert;* = *hâle, halle.*

En traversant la Loire dans une —, j'ai gagné une — qui me rend — malade. = — midi, je trouvai, dans ce — bosquet, un — très-gros que je mis dans une bouteille de —. = Par ce — brûlant, on se trouverait bien sous une —.

444ᵉ. — *Lut, luth, lutte;* = *celle, sel, selle;* = *pan, paon, pend.*

Ce jeune homme, qui fut vainqueur dans sa —, raccommoda son — avec du —. = La — que vous m'avez envoyée, n'est pas — que vous aviez vendue au marchand de —. Cet homme bizarre fit peindre un — sur le — de sa redingote, qu'il — maintenant au soleil.

445ᵉ. — *Geai, j'ai, jais, jet;* = *tan, tant, temps;* = *raisonne, résonne.*

Avec la belle canne d'un seul — que mon oncle m'a rapportée des îles, — tué mon chat noir comme du —, parce qu'il a croqué le jeune — que mon fils avait élevé avec tant de soins. = J'ai — de — à ranger, que je n'ai pas le — de vous aller voir. = Je — du tonneau qui — si fort quand on frappe dessus.

446ᵉ. — *Puis, puits, Puy;* = *cep, ces, c'est, saie, sais, sait, sept, ses, s'est.*

Je — vous assurer qu'il y a dans la ville du — un joli — artésien. = Je — que — parents, qui m'ont envoyé — livres, sont ordinairement vêtus d'une — grossière. Mon ami — trompé en m'assurant qu'il y a — grappes de raisin sur ce — de vigne; — assurément qu'il ne — pas compter.

447ᵉ. — *Aine, Aisne, haine;* = *main, maints, Mein;* = *saur, saure, sors, sort.*

Mon frère a une — invétérée contre toi, parce qu'en nageant dans l' —, tu le blessas exprès à l' —. = On a vu à Francfort-sur-le- —, — Français se tenant par la — dans la rue. = Je — de manger un hareng — dans cette auberge. Je plains le — du voyageur qui y descend avec un cheval —.

448°. — *Cène, saine, scène, Seine;* = *pain, peins, peint, pin.*

Rouen, situé sur la —, est dans une position —; ses habitants vont voir la — du Jeudi-Saint, qui est une — bien touchante. = Ce peintre — dans ce tableau un enfant mangeant un morceau de — à l'abri d'un —; — -en un aussi, si tu le peux.

449°. — *Panse, pense;* = *peine, pêne, penne;* = *Thoix, toi, toit;* = *Marie, mari, marri.*

— à ton malheureux cousin dont on — la plaie. = J'ai de la — à croire que le — de cette serrure soit aussi gros que la — d'un aigle. = Cet homme de —, qui te doit deux cents francs, ne pense pas à — sous son — rustique. = Le — de ma sœur — est bien — de ton malheur.

450°. — *Apprêts, après;* = *parc, Parque;* = *pie, pis;* = *palais, palet;* = *lire, lyre.*

— le dîner, il fallait faire les — de son départ. = En chassant dans le — du château, la — lui trancha le fil de ses jours. = Ce n'est pas tant — que tu aies tué la —. = Ces enfants, qui jouent au petit — dans la cour du — de justice, = jouent aussi de la — sans savoir — la musique.

451°. — *Plain, plains, plaint, plein;* = *d'où, Doubs, doux;* = *foret, forêt;* = *mou, moud, moue.*

Je — ce chantre — d'orgueil qui ne sait pas le — chant; tout le monde le — aussi. = — viens-tu? Du département du — où le climat est très- —. = Je trouvai un — dans la —. = Ce meûnier, qui — mon grain, fait la —, parce que je lui donne du — de veau à manger.

452°. — *Parti, partie, partis;* = *paume, pomme;* = *pouce, pousse;* = *mur, mûr, mûre;* = *coin, coing.*

Je — pour la fête, où j'acceptai une — de tamis, que j'ai perdue; j'en pris mon — en brave. = Nous trouvâmes une — dans le jeu de —. = Il me démit le — avec une — d'arbrisseau. = Nous cueillîmes un c— m— et une — dans un c — du jardin contre le m —.

453°. — *Porc, pores, port;* = *taie, tais, tait, tes, t'es, t'est, têt, thé.*

Dans le —, nous avons vu un — qui saignait par tous les — de la peau. = Mon ami, je connais — desseins. — toi, ton frère se — aussi. Que t' — il arrivé? t' — tu battu? Mon cousin m'a fait une — dans l'œil droit avec un — de pot.

454°. — *Lie, lis, lit;* = *cap, cape, cappe;* = *écho, écot.*

En sortant de mon —, où je respirais l'odeur du —, je tombai dans une mare de —. = Au moment où je regardais la — de mon cidre, je vis entrer dans mon cellier un homme couvert d'une — de laine et armé de pied en —. = Ce cabaretier fait répéter aux — de la vallée que chacun doit payer son —.

455e. — *Gray, gré, grès;* = *Agathe, agathe;* = *crois, croix, croit, croît;* = *faut, faux.*

Votre oncle habite la ville de — où il fabrique à son — des pots de —. = Je donnerai cette — à ma sœur —. Je — que le supplice de la — a racheté le genre humain. Mon fils — à tort que cet arbre ne — plus. = Il — t'accoutumer à couper de l'herbe avec ta —.

456e. — *Graisse, Grèce;* = *frai, frais, frêt;* = *reins, Rhin;* = *Eure, heur, heure, heurt.*

Nous avons acheté de bonne — en —. = Au moment du — des poissons, par un vent —, nous avons été payer le — de notre vaisseau. = Ce soldat avait du courage et de bons — pour traverser le — à la nage. = Il n'y a qu' — et malheur dans ce monde. Après avoir navigué pendant une —, il vint un — qui nous fit sombrer dans l' —.

457e. — *On, ont;* = *par, pare, pars, part;* = *poêle, poil;* = *pari, parie, Paris.*

— dit que vos parents — vendu leur maison. = Je me — de mes plus beaux habits, et je — ce matin — le chemin de fer, pour aller recueillir ma — de la succession de mon oncle. = Je trouvai un long — dans la —. = Je — que tu perdras le — que tu fis à —.

458e. — *Poing, point;* = *accord, accores, accort, achores;* = *bouilli, bouillie;* = *ça, sa, sas;* = *cerf, serf;* = *chrême, crême.*

Je n'aime — le coup de —. = Cet homme —, qui a fait un — pour fournir des — aux constructeurs de vaisseaux, a des — à la tête. = J'aime mieux manger du — que de la —. = —, mon ami, il faut passer — farine au —. = Autrefois, les seigneurs tuaient un — comme un —. = Le Saint- — ne se fait pas avec de la —.

459e. — *Cire, Cyr, sire;* = *coke, coq, coque;* = *cor, corps;* = *cote, côte, cotte, quote;* = *dégoûte, dégoutte;* = *don, donc, dont.*

—, nous vous prions d'envoyer de la — pour l'église de Saint- —. = C'est avec du — que l'on a fait cuire le — de bruyère et ces œufs à la —. = Le son du — a retenti dans tout mon —. = Cette femme, avec sa — rouge, se cassa une — et mourut; ses enfants se partagèrent sa —, et payèrent leur — part des frais et des dépenses. = Il me — avec la bave qui — de sa bouche. = Le — que t'a fait la personne — tu me parles, ne te convient — pas ?

460°. — *Eu, eux, œufs;* = *flan, flanc;* = *gale, galle, Galles.*

Mes parents habitent la ville d'— (*Seine-Inférieure*); cette lettre est pour —; je les prie de m'envoyer un cent d'— pour la fête. = Ce grand niais reçut un — dans le —, et tomba par terre de peur. = Cet habitant de la province de — a la —, et vend des noix de —.

461°. — *Gard, gare, gars;* = *gaz, gaze;* = *hôtesse, hautesse;* = *haute, hôte, hotte.*

Ce jeune —, avec son cabriolet, culbuta, dans le département du —, deux gendarmes sans dire : —! = J'aperçus la fumée du — à travers son voile de —. = Sa —, voyageant incognito, ne se fit pas connaître à l'—. Il déposa sa — dans la chambre — de son —.

462°. — *Hérault, héraut, héros;* = *il, île, Ille;* = *Ma, mat, mât;* = *ni, nid, n'y.*

Ce —, qui vient en — sommer la place de se rendre, est né dans le département de l'—. = — resta pendant deux ans dans une — formée par la rivière d'—. = — sœur, qui a le teint —, resta suspendue au — du vaisseau. = — mon frère — moi, nous ne dénicherons ce — de fauvettes; nous — pensons même pas.

463°. — *Pâque, Pâques;* = *pâte, patte;* = *rauque, roc, Roch;* = *but, bute, butte.*

La — des Juifs ne s'écrit pas comme le — des chrétiens. = Ce chat me fait — de velours quand je lui donne de la — de jujube. = —, qui a une voix —, me mena sur un — escarpé. = Nous plaçâmes notre — au haut de la — Montmartre, où nous trouvâmes une — de maréchal.

464°. — *Hante, ente;* = *cèle, celle, selle, scelle;* = *aiguayer, égayer;* = *bail, baille, bâille.*

Mon fils, — cet arbre et ne — point les mauvais sujets. = — ton cheval, — ta lettre, et ne me — pas ton secret. = Mes filles, il faudra — ce linge avant de vous aller — dans le jardin. = Cet homme qui — si souvent, — aussi des terres à —; on l'appelle le bailleur.

465°. — *Chaume, chôme;* = *décèle, descelle, dessèle;* = *exauce, exhausse.*

Je veux que ce malheureux — mon champ, lorsqu'il — faute de travail. = Cet individu — les gonds de la croisée; il ne — pas le cheval de son maître, et par ses actions, il — une âme corrompue. = Dieu — la prière de celui qui l'implore, et il — le petit pour confondre le grand.

466e. — *Marchand, marchant;* = *fatigant, fatiguant;* = *fabricant, fabriquant;* — *présidant, président.*

Nous avons rencontré ce — de toile — à grands pas. = Votre neveu, — la société par son bavardage, est un être bien —. = Cet homme, — des bretelles, est un — très-aisé. = Ce magistrat intègre, — le collége électoral, est le premier — de la cour impériale.

467e. — *Adhérant, adhérent;* = *résidant, résident;* = *délace, délasse;* = *pêcheurs, pécheurs;* = *repartit, répartie, répartit.*

Ton frère, — à tes principes, n'est cependant pas ton —. = Mon oncle, — à Turin, a été nommé — du gouvernement français. = — le corset de ta sœur, afin qu'elle se — de ses fatigues. = J.-C. a dit : « De — de poissons, je vous ferai — d'hommes; vous convertirez les —. » = Le syndic — la somme entre les créanciers, et — ensuite pour sa maison.

468e. — *Répands, repends;* = *halait, hâlait;* = *compter, conter;* = *céder, s'aider.*

Mon fils, — de la cendre dans le jardin, et — ce tableau. = Le soleil nous —, et cet individu — son chien après nous. = Je vais — de l'argent, et ensuite te — une histoire. = Il faut — les uns les autres, et — sa place à ceux qui sont plus élevés en dignité.

469e. — *Vanter, venter;* = *tache, tâche;* = *faner, faonner;* = *allaite, halette.*

On ne peut empêcher les vents de —, ni un orgueilleux de — son mérite. = Mon ami, — d'enlever la — que tu as faite à ton habit. = En allant — nos foins, nous trouvâmes une biche qui venait de —. = Cette femme qui — si fort, est celle qui — ton jeune fils.

470e. — *Anoblit, ennoblit;* = *taux, tôt;* = *tard, tare;* = *matin, mâtin;* = *coi, quoi;* = *clause, close;* = *censé, sensé,* = *lace, lasse;* = *extravagant, extravaguant;* = *intrigant, intriguant.*

Cet homme, que le roi —, ne s'— pas par sa conduite. = T— ou t—, je saurai le — et la — de ses marchandises. = Je rencontre ce gros — chaque —. = De — s'agit-il? Je vous dis de rester — dans votre chambre. = Je mets pour principale — que la porte restera —. = Cet homme — est — avoir donné sa démission. = — ta sœur, qui est — d'avoir couru. = Ton cousin, — à tout propos, est un — ennuyeux. = Lucien, — continuellement, est un — éhonté.

PETIT TRAITÉ D'ANALYSE.

DE L'ANALYSE.

1. — L'*Analyse* est l'examen et le compte-rendu des parties qui constituent une phrase, une proposition : *analyser*, c'est décomposer.

2. — Il y a deux sortes d'*analyses* : l'*analyse grammaticale* ou des *mots*, et l'*analyse logique* ou de la *pensée*.

DE L'ANALYSE GRAMMATICALE.

3. — *Analyser grammaticalement* le discours, c'est rendre compte individuellement de tous les mots qui composent une phrase, en indiquant, 1°. à quelle partie du discours ils appartiennent; 2°. quelles fonctions ils remplissent, quels rôles ils jouent, quels sont leurs rapports avec les autres mots; 3°. enfin, ce qu'ils sont et ce qu'ils font, et tout cela d'après les règles de la Grammaire.

4. — L'analyse est comme un phare qui éclaire les élèves dans l'étude de notre langue : c'est une véritable pierre de touche qui distingue sur-le-champ un enfant qui suit des principes, de celui que guide une routine aveugle et très souvent fautive.

5. — *Observation importante.* La première analyse des élèves doit être très-simple. D'abord on leur fait analyser le *nom*, l'*article*, l'*adjectif*, ensuite le *pronom*, puis le *verbe*; en ayant soin toutefois de ne les faire passer à un autre mot, que quand ils ont acquis une connaissance parfaite des précédents. Par ce moyen, on mettra de l'ordre, de la rectitude dans leurs idées, et l'analyse sera ramenée à son véritable usage, qui est de guider les élèves dans la marche sûre et certaine qu'ils doivent suivre, en leur épargnant la peine de retourner sur leurs pas, pour savoir s'ils ne sont pas dans l'erreur. Dans les premiers exercices, on ne leur fera rendre compte que de la nature des mots; mais à mesure qu'ils acquerront de nouvelles forces, ils devront développer graduellement (avec plus de détails) les diverses fonctions des parties du discours, à l'exception des mots invariables.

EXERCICES ORTHOGRAPHIQUES.   91

PREMIER EXERCICE.

6. — Lille est fortifiée. — La Somme traverse Amiens, et tombe dans la mer.

Lille	nom propre de ville, féminin singulier.
est fortifiée. (1)	verbe passif *être fortifié*, au présent de l'indicatif, 3ᵉ personne du singulier.
La	article simple, féminin singulier.
Somme	nom propre, féminin singulier.
traverse	verbe actif (transitif) *traverser*, au présent de l'indicatif, 3ᵉ personne du singul., 1ʳᵉ conjugaison.
Amiens,	nom propre de ville, masculin singulier.
et	conjonction.
tombe	verbe neutre (ou intransitif) *tomber*, au présent de l'indicatif, 3ᵉ personne du singulier, 1ʳᵉ c.
dans	préposition.
la	article simple, féminin singulier.
mer.	nom commun, féminin singulier.

DEUXIÈME EXERCICE.

7. — Ah! nous avons bientôt oublié nos fautes, lorsqu'elles ne sont sues que de nous.

Ah!	interjection.
nous	pronom personnel de la 1ʳᵉ personne plur., sujet de avons oublié.
avons oublié	verbe actif *oublier*, au passé indéf., 1ʳᵉ pers. plur., 1ʳᵉ conjugaison. Son sujet est *nous*, et son complément direct *fautes*.
	(Le participe *oublié* est invariable, parce qu'il est accompagné du verbe *avoir* et suivi de son complément direct.)
bientôt	adverbe.
nos	adj. possessif, féminin pluriel, déterminant *fautes*.
fautes,	nom commun, féminin pluriel, complément direct de *avons oublié*.
lorsque	conjonction.
elles	pronom personnel fém., de la 3ᵉ personne plurielle, sujet de *sont*.
ne que	adverbe (signifiant *seulement*).

---

(1) Le verbe passif, nous l'avons déjà dit, n'étant autre chose que le verbe *être* joint au participe passé d'un verbe actif, il serait préférable d'en faire la décomposition, et d'analyser ainsi :

est	verbe substantif être, au prés. indic., 3ᵉ pers. du sing.
fortifiée.	participe-adjectif, féminin singulier.

sont sues (1)	verbe passif *être su*, au présent de l'indic., 3ᵉ pers. plur., 4ᵉ conjugaison. Son sujet est *elles*. (Le participe *sues* s'accorde avec le sujet, parce qu'il est accompagné du verbe *être*).
de	préposition.
nous.	pronom personnel de la 1ʳᵉ personne plurielle.

TROISIÈME EXERCICE.

8 — Certes, après la mort, Dieu nous demandera un compte sévère des actions que nous aurons faites.

Certes,	adverbe.
après	préposition.
la	article simple, féminin singulier.
mort,	nom commun féminin singulier.
Dieu	nom propre, masculin sing., sujet de *demandera*.
nous	pron. pers. de la 1ʳᵉ pers. plur., compl. indirect de *demandera* (car *nous* est mis pour *à nous*).
demandera	v. actif, au futur simple, 3ᵉ pers. du sing., 1ʳᵉ conj. Son sujet est *Dieu*, et son compl. direct *compte*.
un	adjectif numéral, masc. sing., déterminant *compte*.
compte	nom commun, m. sing., compl. dir. de *demandera*.
sévère	adjectif qualif., masc. sing., qualifiant *compte*.
des	(*pour de les*) article contracté féminin pluriel.
actions	nom comm., f. plur., antécéd. du pron. relatif *que*.
que	pronom relatif, féminin pluriel, complément direct de *aurons faites*.
nous	pronom personnel de la 1ʳᵉ personne plurielle, sujet de *aurons faites*.
aurons faites.	verbe actif ou transitif *faire*, au futur antérieur, 1ʳᵉ pers. plur., 4ᵉ conj. Son sujet est *nous*, et son compl. direct *que* (pour *lesquelles actions*). (Le participe *faites* est variable, parce qu'il est accompagné du verbe *avoir*, et précédé de son complément direct, le relatif *que*, pour *actions*.)

DE L'ANALYSE LOGIQUE.

9. — L'*Analyse logique* a pour objet de rendre compte des *propositions* et des parties qui les composent.

10. — La *proposition* est l'expression d'un jugement, ou l'énonciation de deux idées, comparées entre elles dans notre esprit.

---

(1) Ou mieux :

sont	v. subst. *être* au prés. indic., 3ᵉ pers. du plur. 4ᵉ conj. Son sujet est *elles*.
sues	partic. - adj. fém. pl., se rapportant à *elles* (les *fautes*.)

11. — Il n'y a point de proposition possible sans verbe, exprimé ou sous-entendu.

12. — Une phrase se compose d'autant de propositions qu'il s'y trouve de verbes à un mode personnel.

13. — L'indicatif, le conditionnel, l'impératif et le subjonctif sont les *modes personnels*. L'infinitif est le *mode impersonnel*. (Voir notre Grammaire, note 35.)

14. — Toute proposition, *considérée logiquement*, renferme trois parties essentielles : Le *sujet*, le *verbe* et l'*attribut*.

15. — Le *sujet* est l'objet principal de la pensée : il s'énonce par un *nom*, un *pronom* ou un *infinitif*.

16. — Le *verbe* est le mot qui unit l'attribut au sujet. Il s'énonce de deux manières : il y a, 1°. le verbe *distinct* : Napoléon était vaillant ; 2°. le verbe *composé* ou *attributif* : La terre TOURNE, pour *la terre est tournant*.

17. — L'*attribut* est la manière d'être du sujet, la qualité qu'on lui accorde ou qu'on lui refuse : il s'énonce par un *nom*, un *adjectif*, un *pronom*, un *participe présent*, un *participe passé*, ou un *infinitif*.

EXEMPLES :

SUJET.	VERBE.	ATTRIBUT.
Dieu	est	*juste*.
Le menteur	n'est pas	*croyable*.

Dans le premier exemple, le verbe *est* unit l'attribut *juste* au sujet *Dieu*. Dans le second exemple, le même verbe *est* unit l'attribut *croyable* au sujet *le menteur*.

18. — Outre les trois parties logiques, essentielles, que nous venons d'indiquer, il en est une autre, purement grammaticale, que l'on appelle *complément*, et qui se joint au *sujet* et à l'*attribut*, pour en *compléter* le sens.

19. — Le sujet et l'attribut sont *simples* ou *composés*.

20. — Le *sujet* est *simple*, quand on ne parle que d'un seul être ou objet, ou de plusieurs de même espèce, pris collectivement : LE BAVARD est ennuyeux. — LES CHIENS sont *fidèles*.

21. — Le sujet est *composé*, quand on parle de plusieurs êtres ou objets, à chacun desquels convient l'attribut : LE LIÈVRE et LE LAPIN sont *agiles*. — LA COLÈRE et L'ORGUEIL sont *insupportables*.

22. — L'attribut est *simple* quand il n'exprime qu'une qualité du sujet : L'âme est IMMORTELLE. — Les hommes sont FAIBLES.

23. — L'attribut est *composé* lorsqu'il exprime plusieurs qualités du sujet : La prospérité est INSOLENTE et FIÈRE. — Dieu est JUSTE et MISÉRICORDIEUX.

24. — Le sujet et l'attribut sont encore *complexes* ou *incomplexes*.

25. — Ils sont *complexes* quand certains mots se joignent au sujet et à l'attribut, pour en *compléter* le sens : Le soleil, SUR LES MONTS, *cuit* (pour est *cuisant*) LA GRAPPE DORÉE. — *Les hommes insolents* DANS LA PROSPÉRITÉ, *sont tremblants* DANS LA DISGRACE.

26. — Ils sont *incomplexes*, lorsqu'ils sont réduits à leur plus simple expression, c'est-à-dire qu'ils n'ont aucune espèce de complément : La vertu est timide. — L'homme parle, pour *l'homme est parlant*.

27. — Il y a deux sortes de propositions : La *proposition principale* et la *proposition incidente*, ou *subordonnée*.

28. — La *proposition principale* est celle qui occupe le premier rang dans la pensée de celui qui parle ou qui écrit ; c'est d'elle que dépendent les autres propositions : L'OR DONNE SOUVENT DE MAUVAIS CONSEILS ; *cependant les hommes le recherchent avec avidité*. *L'or donne souvent de mauvais conseils*, est une proposition principale : c'est en elle que se trouve le sens *principal* de la phrase ; le reste n'est qu'accessoire.

29. — Il y a deux sortes de propositions principales : La *principale absolue* et la *principale relative*.

30. — La proposition *principale absolue* est celle qui, par elle-même, a un sens complet : LE SOLEIL EST LE FLAMBEAU DU MONDE ; *Dieu l'a fait pour animer la nature*. La proposition *le soleil est le flambeau du monde*, est une principale *absolue*, parce qu'elle renferme le sens principal de la phrase ; qu'elle est la première énoncée, et qu'elle a un sens complet. *Dieu l'a fait pour animer la nature*, est une principale *relative*, parce qu'elle renferme aussi le sens *principal* de la phrase, et qu'elle a rapport à la principale *absolue*.

NOTA. Il ne peut y avoir dans une phrase qu'une proposition *principale absolue* : elle est généralement la première énoncée.

31. — La proposition *incidente* est celle qui est ajoutée à un des termes d'une autre proposition, pour en compléter la signification : Le bonheur, QUE CHERCHENT LES HOMMES, *n'est point dans la volupté*. *Le bonheur n'est point dans la volupté*, proposition *principale* ; QUE CHERCHENT LES HOMMES, proposition *incidente*, parce qu'elle complète le sujet *bonheur*, dont elle dépend.

32. — Toute proposition qui commence par un pronom relatif ou une conjonction, est généralement *incidente*. Mais les conjonctions *et*, *ou*, *ni*, *mais* n'annoncent une *incidente* qu'autant qu'elles sont suivies d'une autre conjonction, ou d'un pronom relatif.

33. — Il y a deux sortes de propositions incidentes : L'*incidente déterminative* et l'*incidente explicative*.

34. — La proposition *incidente déterminative* ne peut être retranchée, sans détruire ou altérer le sens de la phrase : *Charlemagne est le plus grand prince* DONT LA FRANCE S'HONORE. La proposition *dont la France s'honore*, est une incidente *déterminative* : si on la supprimait, la phrase n'aurait plus de sens vrai.

35. — La proposition *incidente explicative* peut être **retranchée** sans détruire ni même altérer le sens de la phrase : L'*homme*, QUI SE VANTE D'ÊTRE UN ANIMAL RAISONNABLE, *se ravale souvent au-dessous de la brute.* On peut, sans nuire au sens, supprimer la proposition incidente : *Qui se vante d'être un animal raisonnable.*

36. — Toute proposition, soit principale, soit incidente, **est** *directe, inverse, pleine, elliptique, explétive,* ou *implicite.*

37. — La proposition est *directe* quand les parties qui la composent, se succèdent selon l'ordre grammatical, c'est-à-dire lorsque le sujet, avec son complément, est énoncé le premier, ensuite le verbe, puis l'attribut avec son complément : *L'armée des Français battit* (pour *fut battant*) *complétement les Autrichiens à la bataille de Wagram.*

38. — La proposition est *inverse*, quand les parties dont elle se compose, ne sont point placées dans l'ordre grammatical que nous venons d'indiquer : *Des dehors affectés, le sage se défie.* Pour que la proposition fût directe, il faudrait : *Le sage se défie des dehors affectés.*

39. — La proposition est *pleine*, ou *entière*, quand toutes ses parties essentielles (sujet, verbe et attribut), sont énoncées : *Le mérite est modeste.*

40. — La proposition est *elliptique*, lorsqu'il lui manque une ou plusieurs de ses parties essentielles : *Sois studieux; le sujet toi* est sous-entendu.

41. — La proposition est *explétive* quand il y a surabondance de mots, c'est-à-dire *pléonasme: Moi, je pourrais trahir mon père!*

42. — La proposition est *implicite*, lorsqu'elle est exprimée par un seul mot, et sans qu'aucune de ses parties essentielles soit énoncée : *Hélas! pourquoi n'as-tu pas suivi mes conseils?* Le seul mot *hélas!* forme une proposition implicite, car il signifie : *J'en suis fâché;* il renferme conséquemment le *sujet*, le *verbe* **et** l'*attribut.* Il en est de même de toutes les autres interjections.

MÉTHODE D'ANALYSE LOGIQUE.

43. — 1°. Indiquer le nombre de propositions qui se trouvent dans une phrase ; 2°. déterminer si la proposition est *principale, absolue, relative, incidente, déterminative, explicative;* 3°. indiquer les parties essentielles ; 4°. dire si le sujet et l'attribut sont *simples* ou *composés, complexes* ou *incomplexes;* 5°. indiquer les mots qui forment le *complément;* 6°. dire si la proposition est *directe, inverse, pleine,* etc; 7°. si la proposition est *elliptique,* indiquer les mots sous-entendus ; 8°. enfin, si elle est *implicite,* mettre les **mots nécessaires à sa construction.**

FIN.

TABLE.

Moyen de reconnaître les différentes espèces de mots .. 4
De quelques Homonymes très-usités 5
Des Syllabes et des Voyelles longues. 7
Des différentes sortes d'*E*. . . 8
Des Accents. 8
Emploi de l'*Y*. 9
H muette ou aspirée 9
Exercices sur le Nom 9
— sur les noms communs et les noms propres . 10
— sur le Genre des noms . 10
— sur le Nombre des noms. 11
— sur la formation du pluriel dans les noms. . 11
— sur l'Article 14
— de récapitulation sur le Nom et l'Article. . . 15
— sur l'Adjectif ; formation du féminin . . . 16
— sur la formation du pluriel 19
— sur l'accord des Adjectifs. 20
— de récapitulation sur le Nom, l'Article et l'Adjectif. 20
— sur les Adjectifs déterminatifs 24
— de récapitulation sur tout ce qui précède . 25
— sur les Pronoms 26
— sur les Verbes 27
— sur la Formation des Temps 37
— sur les Verbes irréguliers. 38
— de récapitulation sur tout ce qui précède . 41

Exercices sur le Participe présent et l'Adjectif verbal 50
— sur le Participe passé . 52
— sur la Préposition et l'Adverbe 54
— sur la Conjonction et l'Interjection . . . 55

SECONDE PARTIE.

Exercices sur les Noms 56
— sur l'Article 59
— sur l'Adjectif. 60
— sur le Pronom 63
— sur l'Accord du Verbe . 65
— sur le Complément des Verbes et des Adjectifs. 67
— sur l'emploi du Passé défini et du Passé indéfini. 67
— sur l'emploi du Subjonctif 68
— sur la Concordance des Temps 68
— sur le Participe passé (suite). 69
— sur la Préposition . . . 71
— sur l'Adverbe, la Conjonction et l'Interjection 72
— sur l'Orthographe usuelle 73
— sur les Signes orthographiques 74
— sur les Majuscules et la Ponctuation . . . 75
— de Récapitulation sur toutes les règles de la Grammaire. 76
— sur les Homonymes . . 81
Petit traité d'Analyse 90

Amiens. Typographie de CARON et LAMBERT

Autres Ouvrages de M. S. PAUCHET :

ÉLÉMENTS DE LA GRAMMAIRE FRANÇAISE, par **Lhomond**, professeur-émérite en l'Université de Paris, avec des notes explicatives, un Questionnaire, etc., par un ancien maître de Pension ; — nouvelle édition, revue, corrigée et augmentée. Un volume in-12 ; prix, cartonné, 40 c.

CORRIGÉ DES EXERCICES ORTHOGRAPHIQUES, à l'usage des Maîtres. Un vol. in-12, cartonné, 75 c.

PETIT COURS D'ARITHMÉTIQUE ÉLÉMENTAIRE, en 52 Leçons ; suivi d'un Recueil de 1200 Problèmes, gradués et variés, sur toutes les opérations ordinaires du calcul, et principalement sur le Système métrique, *à l'usage des Écoles primaires*. Nouvelle édition, revue avec soin. Un vol. in-18 ; cart. 1 fr.

ARITHMÉTIQUE DES COMMENÇANTS, ou ABRÉGÉ FACILE D'ARITHMÉTIQUE, par demandes et par réponses, avec 600 Problèmes gradués, pour servir d'introduction au *Petit Cours d'Arithmétique élémentaire* en 52 leçons, etc. ; nouvelle édition. Un volume in-18, cartonné, 60 c.

RÉPONSES ET SOLUTIONS RAISONNÉES des Exercices et des Problèmes du PETIT COURS D'ARITHMÉTIQUE, en rapport avec la nouvelle édition. Un volume in-18, cartonné, 1 fr.

LIVRET DES RÉPONSES aux 600 Problèmes de L'ARITHMÉTIQUE DES COMMENÇANTS. Brochure in-18, 25 c.

GÉOGRAPHIE DES COMMENÇANTS, ou ABRÉGÉ FACILE DE GÉOGRAPHIE, par demandes et par réponses, pour servir d'introduction au *Petit Cours élémentaire de Géographie générale*, et principalement de *Géographie de la France*, etc. Un vol. in-18, cart., 60 c.

LECTURE DES COMMENÇANTS, ou ALPHABET MÉTHODIQUE, APPROPRIÉ A TOUS LES SYSTÈMES. Brochure in-18, 10 c.

www.ingramcontent.com/pod-product-compliance
Lightning Source LLC
Chambersburg PA
CBHW070308100426
42743CB00011B/2396